铁道警察学院规划教材

铁路缉毒教程

周　蕊／主编

法律出版社
LAW PRESS·CHINA

铁路缉毒教程
编 写 组

主 编：周 蕊

副主编：郭军伟 林绍强

撰稿人：（按姓氏笔画排列）

林绍强 周 蕊 郭军伟

总　序

教材建设是公安教育训练的基础性工作，是提高人才培养质量的重要措施。当前，经济社会快速发展，执法环境和执法依据显著变化，公安理论和实践创新长足进步，公安科技成果不断涌现并在实战中广泛应用，尤其是公安招录培养制度改革的深入推进，要求公安院校的教材建设，不仅要立足公安研究和科技发展的前沿，还要着力培养学生的警务实战技能。学校升本以来，迫切需要编写一套既符合时代要求，又满足本科教育需求的规划教材。对此，学校党委高度重视，成立了教材编审委员会，多次召开会议部署推动编写工作，推动了本套教材编写的有序进行。

本套教材以习近平总书记系列讲话为指导，以公安招录培养制度改革精神为依据，坚持校局合作、协同育人，本校教师与公安实战部门专家紧密结合，着眼于强化实验实训教学，深入基层，贴近实战，贴近执法活动，充分吸纳了警务实践活动的成功经验和理论研究的最新成果。内容上，在阐述学科基本原理的基础上，注重培养实践运用能力，促进教学“精讲多练”。体例上，既要求规范统一，又为教师预留了发挥空间，鼓励学术探讨和争鸣，培养学生的科研意识和创新思维，提高学生的应用和实践能力。

本套教材分为理论教材、实训教程、实训指导等类型。理论教材指未列入国家或省部级规划教材建设的学校教育训练急需教材；实训教程指能同时满足理论和实验实训教学需要，理论精炼、突出实验实训内容的教材；实训指导指在已有的国家或省部级规划教材基础上，满足实验实训教学需要，培养学生实践能力的辅助教材。

本套教材在学校统一领导下，分工合作，集体编写。为保证内容与实战紧密结合，吸纳了公安一线专家参与教材编写工作。教材由各编写组精心组织、反复论证，并经相关领域的专家审核后定稿。相信经过组织者、编写者和出版者的共同努力，本套教材能够满足学校本科教学和在职民警培训的需要，为培养符合实战需要的高素质应用型公安专门人才发挥积极作用。

铁道警察学院

教材编审委员会

2016 年 9 月

编写说明

近年来随着毒情形势的严峻复杂,铁路公安机关禁毒工作的力度在不断加大。他们充分发挥站车优势,紧盯重点地区,加大查缉与专案侦查力度,积极编织禁毒天网。“铁路缉毒”课程是我院铁路特色课程。为了适应培养铁路公安缉毒人才的需要,我们与实战部门合作,编写了《铁路缉毒教程》一书。该教程由周蕊任主编,郭军伟、林绍强任副主编。该教程编写大纲经集体讨论确定后,由各撰稿人写出初稿,最后由主编统稿、定稿。

各章撰稿人:按其撰写章节顺序为周蕊主要撰写第一、二、三、五章和附录内容;林绍强主要撰写第四章;郭军伟主要撰写第六章。

该教程在编写过程中,参阅和引用了有关专家和学者著作中的一些观点和资料,在此期间我院与铁路公安局进行合作,开展了禁毒征文活动,了解了大量铁路公安实战缉毒经验,在此深表感谢。

由于编者水平有限,加之时间仓促,难免有疏漏和不妥之处,敬请批评指正。

《铁路缉毒教程》编写组

2016 年 4 月

目录

第一章　毒品知识 / 001

第一节　毒品概述 / 001

第二节　常见传统毒品及其识别 / 011

第三节　常见合成毒品及其识别 / 022

第四节　易制毒化学品及其识别 / 028

第五节　吸毒人员的识别 / 033

第二章　铁路常见毒品犯罪 / 043

第一节　我国毒情形势 / 043

第二节　毒品犯罪概述 / 050

第三节　铁路常见毒品犯罪 / 066

第四节　毒品案件的特点 / 079

第三章　铁路站车查缉毒品 / 085

第一节　查缉毒品概述 / 085

第二节　铁路站车公开查缉毒品 / 088

第三节　站车查缉毒品的现场处置 / 107

第四章　信息研判主导精确缉毒 / 118
第一节　禁毒情报概述 / 118
第二节　铁路禁毒情报常用平台和资源 / 119
第三节　铁路涉毒案件信息研判 / 125
第四节　涉毒嫌疑人的研判方法案例 / 127

第五章　铁路毒品案件的延伸侦查 / 135
第一节　延伸侦查的概述 / 135
第二节　延伸侦查的实施 / 137
第三节　毒品案件专案侦查 / 144
第四节　诱惑侦查 / 150
第五节　控制下交付 / 154

第六章　铁路毒品案件侦查的程序和证据 / 160
第一节　铁路毒品案件侦查的基本程序 / 160
第二节　铁路毒品案件侦查的证据 / 162

附　录 / 169
附录 1　中华人民共和国刑法(节录) / 169
附录 2　中华人民共和国禁毒法 / 173
附录 3　戒毒条例 / 186
附录 4　吸毒成瘾认定办法 / 195
附录 5　最高人民法院关于审理毒品犯罪案件适用法律若干问题的解释 / 199
附录 6　办理毒品犯罪案件毒品提取、扣押、称量、取样和送检程序若干问题的规定 / 207
附录 7　公安机关缴获毒品管理规定 / 218

主要参考资料 / 225

第一章　毒品知识

【教学目的及重点】

1. 了解和掌握毒品的概念、特征及分类；

2. 对比传统毒品与合成毒品；

3. 吸毒人员的特征。

第一节　毒品概述

一、毒品的概念和特征

（一）毒品的概念

1. 毒品的含义

“毒品”一词是现代社会用语，具有多方面深层次的意义。迄今对于毒品的定义并没有统一的认识。从历史沿革上看，“毒品”一词最早出现在欧洲。《大英汉词典》使用“drug”一词作为“毒品”，并将其解释为“麻醉剂或非法麻醉品”，这是从毒品性质的角度做的解释。该词典还同时使用“narcotics”作为“毒品”英文名称。该词的中文本意是“成瘾的”，这是从社会学的角度进行的解释，表明了毒品对人所起的作用。目前国际上均用“narcoticdrugs”（麻醉药品）泛指受到管制的“麻醉药品与精神药物”，即“毒品”一词。

“毒品”一词是汉语中特有的词，并非“毒性药品”的简称。在法律、法规中亦指“管制的麻醉药品与精神药物”；在科学上，称为“精神活性物质”（这些麻醉药品与精神药物药理学作用共性是都可以改变人的意识状态）。历史是最好的教科书。1840 年的鸦片战争，“英国用大炮强迫中国接受一种名叫鸦片的麻醉剂”（马克思），使中华民族深受毒害、饱受屈辱。鸦片也由此而成为旧中国衰败与屈辱的象征，是中国人民遭受压迫和奴役的催化剂。中国对于麻醉药品鸦片滥用的道德谴责和法律的否定性评价，导致了“毒品”这一概念的出现；鸦片战争以来尽管“毒品”所指的物品在本质上和“药品”可能是同一物品，但只有“毒品”一词才能体现出法律和道德的双重否定性评价。《中华人民共和国禁毒法》（以下简称《禁毒法》）之所以称为禁“毒”法，而不称为“禁止麻醉药品和精神药品法”，就是这种潜在认识的体现。

19 世纪末，鸦片烟毒在中国大肆泛滥，同时也流入欧美等地；国际上形成了禁烟舆论。1908 年，美国罗斯福政府倡议召开国际鸦片委员会会议，并积极与有关国家进行磋商。1909 年 2 月 1 日至 26 日，国际鸦片委员会会议在中国上海汇中饭店（今和平饭店南楼）召开，史称“万国禁烟会”，13 个国家派代表参加了会议。“万国禁烟会”是第一次国际禁毒会议，是国际多边禁毒合作的开端，促成了首部国际禁毒公约——1912 年《海牙鸦片公约》的缔结，有力地推动了世界禁毒斗争的开展，产生了积极的国际影响，在国际禁毒史上具有里程碑意义。同时，“万国禁烟会”也对清政府开展禁烟行动给予了一定的支持，对当时中国人民的禁烟运动起到极大的鼓舞作用。

20 世纪以来，各国开展协作，召开国际禁毒会议，通过国际禁毒公约，建立国际禁毒机构，统一各国的禁毒政策和活动。从已签订实行的国际公约来看，对毒品的定义经历了一个逐步扩大、深化的过程：最早的国际公约是 1912 年的《海牙禁烟公约》，只是规定了对鸦片滥用的限制;1925 年的《日内瓦禁毒公约》将限制的范围扩大到鸦片类制剂及其贸易;1936 年的《禁止非法买卖麻醉品公约》把范围从鸦片扩大到麻醉品,第一次将非法制造、供给、贩卖麻醉品的行为规定为国际犯罪;1961 年的联合国大会通过的《麻醉品单一公约》、1971 年的《精神药物公约》及 1988 年的《联合国禁止非法贩运麻醉品和精神药物公约》(以下简称"88 公约"),才较全面、细致、准确地规定了各类麻醉品和精神药品的概念、范围、种类及管制措施。根据上述国际公约规定的受控制的麻醉品已达 128 种,精神药品有 99 种。"麻醉品"指附于《麻醉品单一公约》后的麻醉品表或制剂表中所列的任何物质,包括天然产品和合成品;"精神药品"是指附于《精神药物公约》后的精神药物表中所列的任何天然或合成物质。我国政府于 1985 年加入了这两个公约,目前全世界已有 150 多个国家和地区正式签署加入。国际禁毒公约对"毒品"的定义已得到世界各国公认,对于各国的立法和禁毒工作具有指导性和示范性。可见,毒品的含义具有历史性和变化性。

2. 毒品的法律定义

《中华人民共和国刑法》(以下简称《刑法》)第 357 条以及《禁毒法》中第 2 条都明确规定:"毒品,是指鸦片、海洛因、甲基苯丙胺(冰毒)、吗啡、大麻、可卡因以及国家规定管制的其他能够使人形成瘾癖的麻醉药品和精神药品。"这是我国法律对"毒品"所做的定义,采取的是列举和概括相结合的方式。它既指明了现阶段我国毒品的主要种类,便于禁毒实践的认定和操作;又概括出毒品的实质特征,以补充列举式的不足;同时,与国际公认的毒品定义基本吻合,以满足今后禁毒工作发展的需要,也有利于与国际公约接轨和国际禁毒合作的开展。应该说,《刑法》清楚、准确、完整和科学地界定了"毒品"的概念。

(二)毒品的特征

从毒品的法律定义中,我们可分析出毒品具有三个基本特征,即药物依赖性、危害性和被管制性。

1. 毒品的药物依赖性

药物依赖性是专用术语，有心理依赖性与生理依赖性之分，在此之前，人们所说的成瘾性只单指身体依赖性，而将心理依赖性称为“习惯性”。世界卫生组织1964年推荐用“药物依赖”一词来取代过去的“成瘾性”和“习惯性”术语，使其内涵更加确切、科学。世界卫生组织对“药物依赖性”的定义为，由药物与机体互相作用造成的一种精神状态，有时也包括身体状态，表现出一种强迫性或定期用药的行为和其他反应，为的是要体验它的精神效应，有时也是为了避免由于断药所引起的不适应感。药物依赖性是毒品的自然属性，是毒品的物质特征，也是导致毒品滥用的主要原因，在医学上也称作“药瘾”。

心理依赖性又称精神依赖性，曾称习惯性，是毒品成瘾的病理心理学特征，具体是指毒品进入人体后作用于人的神经系统，使吸毒者出现一种渴求用药的强烈欲望，驱使吸毒者不顾一切地寻求和使用毒品。一旦出现精神依赖后，即使经过脱毒治疗，在急性期戒断反应基本控制后，要完全康复原有生理机能往往需要数月甚至数年的时间。更严重的是，对毒品的依赖性难以消除。这是许多吸毒者再三复吸的原因，也是世界医、药学界尚待解决的课题。

生理依赖性又称身体依赖性或躯体依赖性，曾称成瘾性，是毒品成瘾的病理生理学特征。生理依赖性是指毒品作用于人体，使人体产生适应性改变，形成在药物作用下的新的平衡状态。一旦停掉药物，生理功能就会发生紊乱，出现一系列严重反应，称为戒断反应。用药者为了避免戒断反应和耐药性，就必须定时用药，并且不断加大剂量，使吸毒者终日离不开毒品。

【链接】

戒断反应是长期吸毒造成的一种严重和具有潜在致命危险的身心损害，通常在突然终止用药或减少用药剂量后发生，表现有头昏、头痛、烦躁不安、恶心呕吐、全身不适等，严重者可引起意识障碍、昏迷、抽搐、虚脱，甚至死亡。许多吸毒者在没有经济来源购毒、吸毒的情况下，或死于戒断反应引起的各种并发症，或因难以忍受戒断反应带来的痛苦而自杀身亡，戒断反应是吸毒者难以戒毒的重要原因。

耐药性是指有些药物在重复使用后，其药效逐渐减低，必须不断地增加使用剂量，才能获得初次使用特定药量的同等效果。有的人为取得足够的药效，药量需增加到常用剂量的十几倍甚至数十倍。

2. 毒品的危害性

毒品的危害性是毒品的社会属性，源于其药物依赖性。具体表现在以下两个方面：

一方面是对吸毒者个人及家庭的危害。毒品本身可导致人体神经、呼吸、消化、心血管、运动等系统发生生理功能紊乱和病理改变，吸毒过量可导致猝死。吸毒可导致精神障碍或人格变态，特别是毒瘾发作时吸毒者往往会丧失理智，发生伤人或自残、自杀事件。统计数据显示全球约 2700 万人吸食毒品，其中每年约有 40 万人因此死亡。实际上，目前的科学认识对于毒品对人体的危害主要集中在毒品的急性作用，而毒品的慢性和长期影响因为需要大样本人群连续多年的观察和研究，在实际操作中具有很大难度，因此我们对毒品危害的了解仍然极其有限，仍存在许多未知领域需要去研究。

另一方面是对社会的危害。毒品的暴利直接引发毒品的非法种植、生产、交易、持有和消费等犯罪活动。据联合国毒品和犯罪问题办公室统计，目前毒品贩运已涉及 170 多个国家和地区，130 多个国家和地区存在毒品消费问题。每年全球毒品交易额达到 8000 亿美元以上，相当于世界贸易总额的 13%，已经超过了石油产品的交易额，甚至超过了全球食品和教育事业的总投资。毒品问题也是诱发其他刑事犯罪和社会治安问题的温床。出于对毒品的不断需求，吸毒者为获得购毒资金而实施大量暴力型、侵犯财产型犯罪。尤其是因贩毒而形成的犯罪集团和黑社会组织，有组织、大规模地进行暴力、暗杀、收买、贿赂、洗钱等犯罪活动，成为具有最严重威胁的社会公害之一。大量事实证明，吸毒人员以贩养吸、以盗养吸、以抢养吸、以骗养吸现象严重，一些地区抢劫、抢夺和盗窃案件中60% ~80%是吸毒人员所为。

【链接】

世界三大公害

当今世界有三大公害:艾滋病、恐怖主义和毒品。这三大公害威胁着世界和平,在我国也不例外。

(1)毒品与艾滋病的关系

毒品与艾滋病关系密切。艾滋病主要通过性接触、血液和母婴三种途径传播。我国最新权威调查显示,注射吸毒和性接触已成为我国艾滋病传播的主要方式。现有的艾滋病病毒感染者和艾滋病病人中,经注射吸毒传播者占44.3%,经性传播者占43.6%。同时,吸食合成毒品造成的性乱大大增加了性接触感染艾滋病的风险。

(2)毒品与恐怖主义的关系

阿富汗的毒品问题非常严重,从阿富汗经中亚,一部分经过中国新疆流往世界,对各国安全构成了很大威胁。三股势力特别是恐怖势力将毒品贩卖、走私和种植征收的资金用来从事恐怖活动,同时也为毒品活动提供安全的保障,这就是所谓"以毒养恐,以恐护毒"的"毒恐结合"。

3. 毒品的被管制性

毒品的被管制性是毒品的法律特征。同样都属于管制药品,各国的法律规定却不相同。比如,葡萄牙在2001年首次实施毒品"非罪化",即个人吸毒和拥有毒品(包括大麻、可卡因、海洛因和兴奋剂)不再被视为刑事犯罪,吸毒者被抓只需交齐罚款就可获释;瑞士将海洛因作为处方药物;美国华盛顿州和科罗拉多州将作为消遣娱乐用的大麻合法化;乌拉圭成为世界首个推行大麻全面合法化的国家。中国目前对毒品的管制属于法律、法规列举式管制。从科学角度来看,烟、酒、咖啡、槟榔等属于成瘾性物质;而从社会文化角度上看,这些物质的使用在多数国家都不被认为是违法的。

由国家食品药品监督管理总局、中华人民共和国公安部、中华人民共和国国家卫生和计划生育委员会发布的《麻醉药品品种目录

(2013 年版)》(2014 年 1 月 1 日起施行)中规定受管制的麻醉药品有 121 种;《精神药物品种目录》中规定受管制的一类精神药物有 68 种,二类精神药物有 81 种。国务院颁布的《易制毒化学品管理条例(2014 年修订)》颁布的规定,目前我国列入管制的易制毒化学品有 27 种。

【链接】

新精神活性物质又称“策划药”或“实验室毒品”,即所谓“第三代毒品”。联合国毒品与犯罪问题办公室(UNODC)将新精神活性物质定义为“未被国际禁毒公约管制,但存在滥用并会对公众健康带来威胁的物质”。新精神活性物质是不法分子为逃避打击而对列管毒品进行化学结构修饰所得到的毒品类似物,具有与管制毒品相似或更强的兴奋、致幻、麻醉等效果。据联合国毒品与犯罪问题办公室报告显示,全球已检测发现了新精神活性物质九大类 500 余种,超过国际禁毒公约管制物质数量。2015 年公安部、国家食品药品监督管理总局、国家卫生计生委和国家禁毒委员会办公室联合制定出台《非药用类麻醉药品和精神药品列管办法》,其中增列了 116 种国际社会高度关注的非药用类麻醉药品和精神药品。

毒品的上述三个特征具有内在的关联性。药物依赖性是毒品的物质特征,危害性是毒品的社会特征,被管制性是毒品的法律特征。药物依赖性容易引起药物滥用造成危害性,进而被法律予以规定进行管制,它们相互联系、密不可分。

二、毒品的分类

(一)从不同角度对毒品进行分类

1. 从毒品的来源来看,可分为天然毒品、半合成毒品和合成毒品三大类。

天然毒品是直接从毒品原植物中提取的毒品,如鸦片;半合成毒品是由天然毒品与化学物质合成而得的毒品,如海洛因。合成毒品是完全用化学合成的方法制造的毒品,如冰毒。

2. 从毒品对人中枢神经的作用来看，可分为抑制剂、兴奋剂和致幻剂等。

抑制剂能抑制中枢神经系统，具有镇静和放松作用，如鸦片类；兴奋剂能刺激中枢神经系统，使人产生兴奋，如苯丙胺类；致幻剂能使人产生幻觉，导致自我歪曲和思维分裂，如麦司卡林。

3. 从毒品流行的时间顺序来看，可分为传统毒品和合成毒品。

传统毒品一般指鸦片、海洛因等阿片类流行较早的毒品；合成毒品是相对传统毒品而言，主要指冰毒、摇头丸等人工化学合成的致幻剂、兴奋剂类毒品。

4. 根据国际公约的有关规定，毒品可以分为麻醉药品和精神药品。（见下表）

毒品分类

<table>
<tr><td rowspan="8">毒品</td><td rowspan="4">麻醉药品</td><td rowspan="2">阿片类</td><td>生物碱类</td><td>吗啡、可待因、那可汀、蒂巴因、罂粟碱、那碎因等</td></tr>
<tr><td>化学合成类</td><td>海洛因、哌替啶、芬太尼、二氢埃托啡、美沙酮等</td></tr>
<tr><td>大麻类</td><td colspan="2">大麻叶、大麻脂、大麻油、大麻烟</td></tr>
<tr><td>古柯类</td><td>古柯类</td><td>古柯叶、古柯糊、古柯碱（可卡因）等</td></tr>
<tr><td rowspan="4">精神药物</td><td rowspan="2">兴奋剂</td><td>苯丙胺类</td><td>苯丙胺、甲基苯丙胺（冰毒）、
3，4—亚甲基二氧基苯丙胺（MDA）、
3，4—亚甲基二氧基—N—甲基苯丙胺（MDMA）等</td></tr>
<tr><td>非苯丙胺类</td><td>哌醋甲酯、苯甲吗啉等</td></tr>
<tr><td>抑制剂</td><td colspan="2">巴比妥类、安定类和非巴比妥类三种</td></tr>
<tr><td>致幻剂</td><td colspan="2">麦司卡林、二甲基色胺、麦角酸二乙酰胺和苯环已哌啶等</td></tr>
</table>

5. 从毒品对人体的危害程度来看，可分为硬性毒品和软性毒品。

硬性毒品的药物成瘾性强，对人体的危害程度大，如海洛因；软性毒品的药物成瘾性相对较低，对人体的危害程度相对较轻，如大麻。

（二）合成毒品（以冰毒为例）与传统毒品（以海洛因为例）的区别

1. 易制造

（1）原料易得。传统的天然毒品和半合成毒品依赖毒品植物，经历繁杂的种植与提炼工序,还受到种植地土壤、水源等自然条件,甚至政治、文化等社会条件限制。与传统毒品相比,合成毒品的制造限制不多,制毒化学前体在日常生产生活中应用广泛,获取途径更为便利。近年来随着对传统毒品打击力度加大,尤其是“金三角”地区实施禁种罂粟与替代种植政策后,生产海洛因的原料鸦片相对紧缺,贩毒集团将制贩毒重心转向合成毒品。

(2)生产成本相对低廉。冰毒的生产成本约为海洛因生产成本的1/6至1/5。

(3)技术较简单。一些合成毒品的化学结构并不复杂,制毒门槛不高,生产的工序没有生产海洛因复杂,所需技术、设备都比较低端,略懂一点化学知识的人很容易自制,在执法实践中也经常遇到简陋的家庭作坊制造冰毒的案例。

2. 易携带

合成毒品大多为片剂或粉末,外观上与普通药品无异,并且易携带。

3. 易吸食

海洛因等传统毒品多采用吸烟式或注射等方法吸食滥用;合成毒品吸食者多采用口服或鼻吸式,有的可以溶于啤酒、可乐等饮料食用。更可怕的是,目前市面上已经有了无色无味的液态冰毒。这种冰毒一旦流行起来,不知将毒害多少人。吸食新型毒品多发生在娱乐场所,所以又被称为“俱乐部毒品”“休闲毒品”“假日毒品”。

4. 易隐藏

由于大多合成毒品用口吸与鼻吸,片剂与粉末容易分成零包,易隐藏。

5. 易获得

传统的贩毒采取零包出售,一手交钱一手交货的形式,但随着物流和电子商务的发展,通过网络的贩毒也日趋增多。贩毒人员在网上开设需要通过验证才能进入的聊天室,在这个相对封闭的空间里完成交易,毒资通过第三方平台支付,毒品直接用快递、物流等形式送达。这种方式比传统毒品交易更快速和隐蔽,而且主要针对的是习惯网络购物的年轻吸毒人群,进一步增大了毒品的易获得性。

6. 难戒除

海洛因主要是生理上的依赖,而冰毒主要是心理上的依赖。吸食冰毒者的"心瘾"确实比一般的毒瘾难戒。相比较而言,对海洛因等毒品已摸索出一定的治疗经验,但对合成毒品,目前还没有有效的办法。

7. 难打击

由于地下制毒技术的快速提升,加速了新型毒品的更新换代,新型毒品的种类不断增多,法律规定滞后,给打击带来了困境。另外,公安机关人员对新型毒品也缺乏更深入的认识。

8. 犯罪模式不同

海洛因等传统毒品吸食者一般是在吸食前犯罪,由于对毒品的强烈渴求,为了获取毒资而去杀人、抢劫、盗窃,所以这是一种"主动型"的危害。而比起吸食海洛因的人,吸食冰毒的人具有大得多的攻击性,会出现幻觉、极度的兴奋、抑郁等精神病症状,从而导致行为失控造成暴力犯罪。

9. 错误认知

传统毒品是麻醉剂,其危害经过这么多年的宣传,其戒毒阶段给吸食者带来生不如死的感觉很多人都知道。而冰毒这样的合成毒品是中枢神经兴奋剂,戒断症状不明显,具有较大的欺骗性。青少年正处于青春发育时期,猎奇及寻求刺激的心理强烈、自控能力较弱,他们对合成毒品的危害认识模糊,认为偶尔吸食、"玩一玩"不会上瘾,但实际已经成为合成毒品的最大受害者群体。海洛因等传统毒品,更多表现为对人体脏器造成损伤;而合成毒品更多是对人的中枢神经系统造成损伤,破坏人体的大脑组织,改变神经传导的机理,异化人的思维和行为方式。只要吸一次,对神经的伤害就已经造成了,并且这种伤害是不可逆的。每月吸食冰毒5次以上者,两年左右便可产生明显的精神病人的症状。

【链接】

吸食合成毒品的错误认知

第一个错误认识是可以“提神”。冰毒是强效的中枢神经兴奋剂,可以让使用者保持长时间的兴奋,较大一部分吸毒人群利用新型毒品来“提神”,以从事通宵赌博、开夜车等活动。2015年2月15日的《东南快报》就曾报道经常开夜班出租车的司机张某,因吸毒被警察抓获后,竟称为了半夜开车提神才吸冰毒,这样可以多赚钱。但长期吸食会导致身体和精神上的依赖,使开车时产生幻觉,降低驾驶员的判断和应变能力,极易产生交通事故,产生“毒驾”。第二个错误认识是可以“助性”。吸食冰毒带来的强烈性快感,是吸毒者选择冰毒的重要原因,也是冰毒在年轻人当中快速传播的重要原因。第三个错误认识是可以“减肥”。还有些人吸食冰毒为了减肥。因为人体吸食冰毒后,能长期不休息,没有饥饿感,人的身体将会处于一种亚健康状态,不想睡觉,不想吃饭,所以人体会一下子瘦下来,速度很快。“致幻”是第四个错误认知。有些文学创作者、艺术家想通过吸食毒品来造成短暂的精神分裂症状态来激发创造力。

第二节　常见传统毒品及其识别

从毒品产生的时间上来看,最早出现的毒品都是由植物衍化为药物再衍化为毒品的过程。一般传统毒品是从罂粟、大麻和古柯树三类植物中提炼出来的。罂粟、大麻、古柯树等植物都对人类文明的发展起过非常重要的作用。这些植物都具有重要的医学价值,只要是在合理的范围内使用是能够造福人类的。在今天之所以变成违禁品,主要是在科学技术的催化下,伴随着化学和物理学的发展,这些植物的药效不断得到提升，被一些人用于满足各种欲望，成为毒品。

一、鸦片类毒品

（一）鸦片类毒品概述

鸦片类毒品主要包括鸦片、吗啡、海洛因等。鸦片类毒品可导致人的急、慢性中毒，对神经、呼吸、心血管、胃肠道等人体组织器官都有严重的毒理作用。如抑制呼吸中枢、收缩支气管平滑肌，使吸食者产生强烈的身心依赖，对药物的耐受性连续用药6～7天后就可出现，以致需要不断加大剂量来达到从前的感受，甚至超过致死量。对心理的损害显而易见，吸食者逃避现实、寻求刺激，为避免戒断症状不断吸食和加量，由此形成恶性循环。鸦片类毒品抑制中枢神经系统活动，使人嗜睡，大脑麻木，产生一种解脱感和瞬时的虚幻觉，使吸食者暂时逃避现实生活，解除烦恼和忧虑，如注射海洛因后数秒钟就可出现"飘飘欲仙"感，似乎有一种暖流通过全身，并导致一种朦胧恍惚的松弛感和满足感，此种状态只能持续2～4小时。吗啡效应中所产生初始的兴奋冲动和继之而来的麻醉高潮，是造成精神依赖的根本动因。另外，避免戒断症状带来的痛苦，是保持吸毒行为和戒毒者再次吸毒的重要原因。戒断症状在停止或减少用药后数小时发生，开始表现为乏力，频繁打哈欠，大量流涕、流涎、流泪；继之出汗、颤抖、瞳孔扩大、浑身发冷、皮肤起鸡皮疙瘩、汗毛竖起；接着胃肠痉挛，剧烈呕吐、腹痛、腹泻，36小时后戒断症状加重，全身寒冷颤抖，极度虚弱，发热、脱水。此时只要再次吸食鸦片类毒品，所有反应和痛苦立刻烟消云散，这正是吸食者戒毒屡屡失败的原因。可见毒品一旦尝试，就易上瘾，一旦上瘾，就难戒掉，因此控制吸毒应重在教育和预防。

【链接】

从罂粟衍化的毒品链

罂粟作为植物并没有多少危害，反而是对人有益的药物。罂粟危害全世界的历史，大约是最近的200年。这种美丽的花朵成为人类罪恶的历史，是从植物罂粟衍化为药物再衍化为毒品链条：鸦片、吗啡、海洛因的历史，是与欧洲人的自由、贸易、财富、科技紧紧相伴的历史。一个简单的毒品历史，是人类历史的一个缩影。

罂粟的种植可以追溯至人类文明的早期，其最早的农业化在8000年前的地中海西部地区。公元前4000年左右，两河流域的苏美尔人发现罂粟是可以给人带来快乐的植物并开始提取罂粟汁液。大约在同一时期，种植罂粟和提取罂粟汁液的方法从青铜时代的塞浦路斯传到了埃及、希腊和罗马地区。我国所称的“鸦片”，就是由希腊语中的“罂粟汁液”一词经阿拉伯语转音而来。在古希腊罗马的文明和宗教中，鸦片扮演着极为重要的角色，它有着神奇的魔力，不仅可以增进食欲，还能治愈疾病。医学之父古希腊医生希波克拉底（Hippcates）就曾用鸦片治病，古罗马医学家盖伦（Galen）用鸦片治疗癫痛、蛇咬伤和抑郁症。公元1世纪，在拉尔古斯关于药剂学的著作里，鸦片的制作方法第一次被明确记载。中国人也早就知道并了解鸦片。据考证，在公元前139年张骞出使西域的时候，鸦片就已经传到了中国。名医华佗，在动手术的时候，就使用鸦片和大麻作为麻醉剂，以减少病人的痛苦。唐朝时就有鸦片进口的记录。公元前973年，北宋印制的《开宝本草》中，鸦片被定名为罂粟。辛弃疾就曾靠服食由陈年罂粟加人参等制成的败毒散，治好了重病。明代时，尽管中国人已懂得从罂粟割乳浆取鸦片，但主要来源仍采自国外。明万历十七年（公元1589年），中国开始对进口鸦片征税，规定每进口10斤鸦片要交2钱银子的税钱。随着鸦片输入的增多，民间逐渐出现了吃鸦片者，但仅限于富绅地主权贵阶层，其中尤以“鸦片皇帝”明神宗为代表。中国人开始吸食鸦片，是从明朝末年开始的。哥伦布在美洲发现烟草后，西班牙将烟草引种到东南亚，东南亚发明了将烟草和鸦片一起吸食的方法，吸食鸦片开始随烟草一起进入中国。清初，海禁开放，吸食鸦片方法逐渐从东南沿海城市蔓延至内地。吸食法的传播令鸦片中的吗啡大量深入人体肌骨，危害加深，加之飘飘然的自我麻醉感，鸦片业已脱离万能特效药的身份,成为专供人类获取快感的产品,转化为人类社会的公害——毒品。到雍正时,一方面,鸦片烟“淫荡人心,贻患不浅”;另一方面,吸食鸦片的人往往到最后会倾家荡产,最终沦为盗匪,有碍社会和谐。故此,雍正七年(公元1729年),清廷颁布了中国历史上第一个鸦片禁令,毒品鸦片的恶名自此“声名远扬”。

工业革命后,英国资产阶级竭力向中国推销工业产品,企图用商品贸易打开中国的大门。直到19世纪二三十年代,中国对英贸易每年仍保持出超二三百万两白银的地位。为了改变这种中国对外贸易长期优势的贸易局面,英国向中国大量走私特殊商品——鸦片,以满足他们追逐利润的无限欲望。鸦片贸易给英国资产阶级、英国政府、东印度公司和鸦片贩子带来了惊人的暴利。鸦片大量输入,使中国每年白银外流达600万两,中国国内发生严重银荒,造成银贵钱贱,财政枯竭,国库空虚。鸦片输入严重败坏了社会风尚,摧残了人民的身心健康。烟毒泛滥不仅给中国人在精神上、肉体上带来损害,同时也破坏了社会生产力,造成东南沿海地区的工商业萧条和衰落。鸦片贸易给中国社会带来的严重危害,引起了清政府和广大人民的重视。清政府从自身利益出发,1838年12月,道光皇帝命林则徐为钦差大臣,派往广东禁烟。英国以林则徐虎门销烟为借口,于1840年发动了第一次鸦片战争。1840年、1842年中国在两场鸦片战争中的失败,使鸦片贸易走向合法化,整个中国从此被鸦片烟毒所笼罩。上至官绅,下至普通百姓、士兵,就连僧尼、道士也有染此恶习者,一经上瘾,面无人色,骨瘦如柴,被蔑称为“东亚病夫”。

古代医学上所用的药片都是从罂粟中粗萃所取,所以在具体使用的时候会出现量多量少的问题。伴随着现代医学的发展,逐渐将鸦片中所含的成分纯化,而吗啡就是最早从鸦片中纯化的药品。1805年德国药剂师弗里德希·泽尔蒂尔纳(F. W. A. Serturner)从生鸦片溶液中提炼出一种带有生物碱属性的有机化合物,它的药效是生鸦片的10倍,因此以希腊睡梦之神摩耳甫斯(Morpheus)的名字命名为“吗啡”

(morphine)。吗啡是强力的止痛麻醉剂,其最初还有一个用途,居然是戒除鸦片上瘾的替代药物。又过了50年,沙尔勒·普拉瓦则发明了注射器。静脉注射器的使用却使得药物的滥用越发严重。究其原因,主要在于口服药物一般都剂量小,药效产生缓慢,不容易成瘾。而静脉注射则使药效能够快速到达人体的大脑,使人在短时间内达到疯狂的程度,比较容易成瘾。1874年,英法强迫中国接受毒品贸易合法化后,任职伦敦圣玛莉医院的化学家伟特(C. R Wright)最先利用吗啡加上双乙酰,在炉上燃煮,增强效力,合成出海洛因。1897年,德国拜尔药厂化学家荷夫曼(Felix Hoffmann,阿斯匹林发明者)在德国将海洛因制成药物,药效是吗啡的4~8倍。海洛因(Heroin)的名字由拜尔药厂注册,该字源自德文heroisch,意指英雄。该药上市时,以不会上瘾的吗啡做宣传,更曾被作儿童止咳药。它被当做特效药广泛地应用于医疗领域,甚至有些人把海洛因当做治疗吗啡瘾的替代药物,因此许多吸毒者改吸海洛因,此时的海洛因是公开销售的。

100多年以来,从鸦片到吗啡再到海洛因,药力被提高了数百倍,它的成瘾性也悄悄增长到难以控制的程度。如果说鸦片还有可能戒断,那么科学造就的海洛因上瘾几乎不可能戒断,必须终身戒毒。由于海洛因易于生产,便于携带和走私,现已成为滥用最广、毒性最强、危害最大的违禁麻醉品之一。

(二)鸦片(opium)

鸦片又称“阿片”,俗称“大烟”“鸦片烟”“烟土”等,是英文名opium的音译。鸦片最初是作为药用,为医学上的麻醉性镇痛药,目前在药物中仍有应用,如阿片粉、阿片片、复方桔梗散、托氏散、阿桔片等,主要用于镇咳、止泻等。鸦片有生、熟之分,生鸦片属初级毒品,是从草本植物——罂粟中提炼出来的。罂粟是一种一年生的草本植物,一般种植在海拔高300米至1700米的地方,其植株约高1.5米,每年二月播种,四五月开花,花呈白、红、紫等颜色,每朵花有四个花瓣,初夏罂粟花落,就会长出椭圆形的绿色果,内有种子如粟粒,故名罂粟。

约半个月后果实接近完全成熟之时,用刀将罂粟果皮划破,渗出的乳白色汁液经自然风干凝聚成黏稠的膏状物,由于氧化作用,因产地不同颜色也不同,或呈乳白色或呈黑色,或呈褐色。这些膏状物用烟刀刮下来就是生鸦片。生鸦片有强烈的类似氨气的刺激性气味,味苦,长时间放置后,随着水分的逐渐散失,慢慢变成棕黑色的硬块,形状不一,常做成球状、饼状或砖状。为保持湿润,通常用玻璃纸或塑料纸包装,这是生鸦片的制作过程。生鸦片中除了15% ~30%的矿物质、树脂和水分外,还含有10% ~20%的特殊生物碱。这些生物碱可分为三类:第一类是吗啡类生物碱,其中又包括三种成分:

1. 吗啡,在鸦片中含有10% ~14%;

2. 可待因,这是吗啡的甲醚,在鸦片中含1% ~3%;

3. 蒂巴因,在鸦片中约含0.2%。

第二类是罂粟碱类生物碱,在鸦片中的含量为0.5% ~1%。

第三类是盐酸那可汀类生物碱,在鸦片中的含量为3% ~8%。

【链接】

吸食鸦片

生鸦片需进一步加工处理后,方可供吸毒者使用。而可吸鸦片则是熟鸦片。吸食时,熟鸦片可发出强烈的香甜气味。吸鸦片烟者把其搓成小丸或小条,在火上烤软后,塞进烟枪的烟锅里,然后翻转烟锅对准火苗,吸食燃烧产生的烟。一个烟瘾不大的吸烟者每天吸十至二十次,而烟鬼每天要吸百余次。当前最普遍的吸食方法,是一次吃上一两个小鸦片丸,或把鸦片溶于水中,注射其溶液。有些吸烟者还把鸦片燃烧后的残渣保存起来,以备缺烟时重新使用。

一般而言,最初几口鸦片的吸食令人不舒服,可使人头晕目眩、恶心或头痛,但随后可体验到一种伴随着疯狂幻觉的欣快感。为了达到麻木的冥想状态,吸烟者需要纹丝不动和安静。吸食鸦片者在相当长的时间内尚能保持职业和智力活动,但如果吸烟太多,则变得瘦弱不堪、面无血色、目光发直发呆、瞳孔缩小、失眠、对什么都无所谓。长期吸食鸦片,可使人先天免疫力丧失,因而整个人体的衰弱使得鸦片成瘾者极易患染各种疾病。

【实训知识】

如何从外观上识别鸦片?

鸦片是生鸦片经过烧煮和发酵后所制成条状、板片状或块状的膏状物,其表面光滑柔软,有油腻感,呈棕色或金黄色,有一种特殊的呛人的气味。没有嗅过的人如果近闻,全被刺激得不自禁地打喷嚏。仔细嗅之,其气味中包含蜜糖、烟叶及石灰水等杂味。鸦片被包装在薄布或塑料纸中时呈现为黑褐色。

【小知识】

罂粟壳是罂粟果实提取鸦片后剩余的果壳,煮汁食用有一定的止泻、止痛作用。罂粟壳又称米壳、御米壳、粟壳、鸦片烟果果、大烟葫芦、烟斗斗等。呈椭圆形或瓶状卵形,直径 1.5 ~ 5 厘米,长 3 ~ 7 厘米。外表面黄白色、浅棕色至淡紫色,平滑,略有光泽,表面常见纵向或横向割痕。气味清香,略苦,可入药。罂粟壳中含有吗啡、可待因、蒂巴因、那可汀等鸦片中所含有的成分,虽含量较鸦片小,但久服亦有成瘾性。因此,罂粟壳被列入麻醉药品管理的范围予以管制。在农村尤其在缺医少药的边境地区也被用于治疗感冒头痛、腹痛腹泻、牙痛、月经痛等疾病,能缓解症状、减轻疼痛。很多酒店将罂粟壳掺入食品以招揽顾客、吸引回头客,扩大生意。由于顾客都是在不知道的情况下被骗食用的,因此这种行为属于欺骗他人吸食毒品的违法犯罪行为,应以欺骗他人吸毒罪处理。

(三)吗啡(morphine)

吗啡是从鸦片中分离出来的一种生物碱,在鸦片中含量为 10% 左右,为无色或白色结晶粉末状,具有镇痛、催眠、止咳、止泻等作用,吸食后会产生欣快感,比鸦片容易成瘾。长期使用会引起精神失常和幻想,过量使用会导致呼吸衰竭而死亡。历史上它曾被用做精神药品戒断鸦片,但由于其副作用过大,最终被定为毒品。从非法市场缴获的粗制吗啡,根据制造方法不同在质量上有很大的差别。吗啡纯品为短菱形柱体,其水合物为白色结晶性粉末,通常以盐的形式存在。

(四)海洛因(herion)

海洛因化学名称"二乙酰吗啡",俗称白粉,它是由吗啡和醋酸酐反应而制成的,镇痛作用是吗啡的4~8倍,医学上曾广泛用于麻醉镇痛,但成瘾快,极难戒断。长期使用会破坏人的免疫功能,并导致心、肝、肾等主要脏器的损害。注射吸食还会传播艾滋病等疾病。海洛因被称为世界毒品之王,是我国目前监控、查禁的最主要的毒品之一。海洛因可以抽吸、鼻吸、皮下或静脉注射。

【实训知识】

如何从外观上识别海洛因?

海洛因成品的包装为灰白色长方扁块,一般为塑料薄膜热封,外面通常用黄色不透明的胶带纸缠绕,有250克、350克等不同规格的包装。零散毒品交易中的海洛因,一般用正方形或长方形白纸包装,每包0.1克到1克不等。海洛因毒品一般为白色或灰色块状、粉末状物质,也有棕色较潮湿粉末状物质,还有一些因掺入其他物质后呈浅黄色、灰色等。大多数海洛因毒品均有醋酸气味。如果发现这种特殊包装的小纸包,应引起高度重视。

【小知识】

根据海洛因的用途和纯度的不同,国际刑警组织对海洛因进行以下的分号:

1号海洛因,在毒品黑市上通常把鸦片叫做1号海洛因,呈黑色或褐色。

2号海洛因,把鸦片制成吗啡这一过程中的产物叫做2号海洛因,又名次海洛因,状如砖块,呈淡灰褐色,多产于亚洲。

3号海洛因也被称作香港石,是一种棕色或灰色颗粒状物质,又名棕色糖块,也称金丹或黄砒、黄皮等,是一种纯度和药效较好的海洛因。其形状为颗粒状，坚实如土，开折包装后有少许醋味，很快散发，纯度25% ~50%，其他为掺假生物碱类、咖啡因等。提取过程中加有士的宁、奎宁、莨菪胺、阿司匹林、咖啡碱等原料（或取其中的某几种）。这种棕色糖块含海洛因30% ~50%，历来用于吸食。使用时将海洛因粉撒于锡箔上面，用慢火在底下加温，使之变成流质，吸者口嘬纸筒，对箔上流质狂吸抽咽。据吸毒者说，吸海洛因比吸食阿片的提神力强10倍。这种方式被香港、马来西亚、新加坡和泰国成瘾者广泛采用。其主要产地为叙利亚、巴基斯坦以及伊朗。

4号海洛因是从吗啡精炼出来的，经过乙酰化、盐酸化，然后提纯、增白，成为又轻又细的白色粉末，也就是我们平常所讲的白粉，它的纯度为90%左右。由于在生产过程中进行了提纯，是只含有少量杂质的海洛因。但通常在街头巷尾兜售的海洛因其纯度并不很高，偷运入境的海洛因经过大、小毒品贩子的手中层层掺杂抽剥，每次交易前在海洛因中加入了乳糖、滑石粉、可可粉等，目的是增加重量，提高售价，获取暴利。纯度可降至40%以下，如注入静脉的海洛因，其纯度仅有4% ~5%。

（五）其他合成鸦片类毒品和吗啡代用品

1. 哌替啶（杜冷丁）（meperidine）

哌替啶是一种临床应用的合成镇痛药，为白色结晶性粉末，味微苦，无臭，其作用和机理与吗啡相似，但镇静、麻醉作用较小，仅相当于吗啡的1/10 ~1/8。长期使用会产生依赖性，被列为严格管制的麻醉药品。

2. 美沙酮（methadone）

盐酸美沙酮，为μ阿片受体激动剂，药效与吗啡类似，具有镇痛作用，并可产生呼吸抑制、缩瞳、镇静等作用。与吗啡比较，具有作用时间较长、不易产生耐受性、药物依赖性低的特点，是“二战”期间德国合成的替代吗啡的麻醉性镇痛药。

美沙酮是一种人工合成的麻醉药品，可以用来治疗海洛因及鸦片的成瘾。美沙酮维持治疗法是以生物—心理—社会医学模式为基础，使用医疗上合法的、使用方便的、作用安全和有效的药物代替毒品，并通过治疗改变病人的高危险行为和恢复病人各种功能的一种综合性治疗方法。它不是传统意义上的“戒毒”，也不是“小毒代大毒”，而是一种治疗方法，美沙酮维持治疗仍是目前世界各国治疗海洛因成瘾的主要方法。随着神经生物学研究的不断深入，阿片类物质(海洛因、鸦片、吗啡、杜冷丁等)成瘾已被证明是一种极易复发的慢性脑疾病，临床表现为一种不可控制的和不计后果的强迫性觅药行为，通常伴有明显的个人功能、家庭功能和社会功能的损害，以及违法犯罪等诸多方面的问题。因此，对吸毒者的治疗是长期的和困难的，并常常会出现反复。就像高血压、糖尿病等大多数慢性疾病需要长期的药物维持治疗一样，吸毒也需要采取长期的药物维持治疗。目前我国美沙酮维持治疗中采用的美沙酮为口服液。服用美沙酮可以有效地控制海洛因、鸦片的毒瘾 24 ~ 36 小时。在维持治疗中使用恰当的美沙酮剂量，不会使服用者过度镇静和产生快感，而且美沙酮的副作用很小，所以服用美沙酮的人可以正常地工作和生活，成为社会上有用的一员。在我国，截至 2013 年 12 月底，全国共有 763 个美沙酮维持治疗门诊开诊(包括 29 辆流动服药车)，累计治疗吸毒人员 412, 686 名，在治人员 201, 730 名，门诊服药人员年保持率为 80. 0% 。

3. 芬太尼(fentanyl)

芬太尼，为阿片受体激动剂，属强效麻醉性镇痛剂，药理作用是吗啡的 50 ~ 100 倍，为国家严格管控的麻醉药品。

二、大麻类毒品(cannabis)

大麻类毒品中对神经系统起作用的主要成分为四氢大麻酚，也包括其降解产物大麻二酚和大麻酚等天然大麻素类物质。在大麻植物的不同部位及利用大麻植物不同部位制取的不同大麻制品中，天然大麻素类物质的含量均有差别且不固定。因此，对于经鉴定含四氢大麻酚、大麻二酚、大麻酚等天然大麻素类物质的毒品,可以根据其外观分别表述为大麻叶、大麻脂、大麻油或者大麻烟等。大麻叶是指大麻植物的叶、茎等;大麻植物的果实、花粉、叶、茎中均含有大麻脂,对大麻植物进行提取可以获得大麻脂(固体);从大麻脂中可以提炼出大麻油(液体);大麻烟是指大麻植物做成的香烟。大麻在当今世界吸食最多,范围最广,因其价格便宜,在西方国家被称为"穷人的毒品"。

三、可卡因类毒品(cocaine)

可卡因,别名古柯碱,是从前南美洲称为古柯(coca)的植物叶片中提炼出来的生物碱,也是强效的中枢神经兴奋剂和局部麻醉剂。为白色薄片状的结晶体粉末,味略苦而麻,在水或酒精中极易溶解。以前使用的可卡因是可卡因的盐酸盐,黑市名称还称为"可口"(coke)、"雪"(snow)或"金粉"(golddust)等。

古柯树大多生长在高温潮湿的地带,最传统的生长区在安第斯山脉东面的低纬度地区,在该地区生长的古柯树漫山遍野,为南美洲的传统种植物。古柯树株高1.5~3米,生长周期为30~40年,每年可采摘古柯叶3~4次。古柯叶是提取古柯类毒品的重要物质。古柯树的树叶中含有丰富的生物碱,古柯碱就是其中之一。古柯所含的古柯碱是19世纪50年代才被发现的。德国化学家在1855年首次从古柯叶中分离出来古柯生物碱。古柯碱和鸦片一样,最初也是用于医学领域,而且成瘾性要比吗啡和海洛因小。用来治疗吗啡上瘾、身体无力等疾病,此外被作为局部的麻醉药。古柯碱的医学效果在19世纪得到大众的广泛认可,被作为一种治疗疾病和具有娱乐效果的药物大肆使用。19世纪60年代,古柯叶还被用于制造酒,当时极为流行的马里安尼酒就是用古柯叶生产的。此外古柯叶还用于制造其他的饮品,但后来古柯叶逐渐被滥用,对社会形成了巨大的消极影响,最终成为了世界毒品的主要品种。可卡因服用方式是鼻吸。这种服用方式对中枢神经系统有高度毒性,可刺激大脑皮层,产生兴奋感及视、听、触等幻觉。可卡因服用后极短时间即可成瘾,并伴以失眠、食欲不振、恶心及消化系统紊乱等症状,还会导致精神逐渐衰退,最终导致偏执呼吸衰竭而死亡。

第三节 常见合成毒品及其识别

所谓合成毒品也即俗称新型毒品,是相对鸦片、海洛因等传统毒品而言,主要指人工化学合成的迷幻剂,兴奋剂类毒品,是由国际禁毒公约和我国法律法规所规定管制的、直接作用于人的中枢神经系统,使人兴奋或抑制,连续使用能使人产生依赖性的精神药品(毒品)。由于科学技术和制药工业的进步和发展,精神药物的范围和种类不是固定不变的,新型毒品的品种也不断增多。常见的有以下几类:

一、甲基苯丙胺(冰毒)(methylamphetamine)

甲基苯丙胺,也称安非他命(amphetamine)。其英文名称来自(alpha-methyl-phenethylamine)的简写音译。甲基苯丙胺存在碱和盐两种形态,其中甲基苯丙胺碱为油状液体(实践中并不常见),甲基苯丙胺盐酸盐则为晶体,实践中多称为冰毒。冰毒是基于甲基苯丙胺盐酸盐的外观特征对其的一种称谓,来源于英文 ICE 的意译。1888 年,日本药学博士长井氏在研究镇咳药麻黄素时意外发现,该物质具有兴奋中枢神经系统、打消睡意、解除疲劳的作用,故日本人称为“觉醒剂”。第二次世界大战期间美国和日本为了提高连续作战的能力和鼓舞士兵的士气,而大量生产甲基苯丙胺的注射液和片剂,造成了该物质的滥用。1937 ~ 1947 年间苯丙胺可在美国任何一个药店买到,也被用于大学生考前复习、司机长途运输的提神药、海洛因吸食者的替代药。“二战”后日本市民使用苯丙胺麻醉自己。20 世纪 80 年代,日本毒贩将甲基苯丙胺饱和液制成外观透明的冰毒(甲基苯丙胺盐酸盐),这种形式便于加工、运输、贩卖、保存,促使了第二次大流行。在我国,主要用麻黄碱脱氧而得,故又称去氧麻黄碱。甲基苯丙胺盐酸盐的水溶液俗称“金水”,为中枢兴奋剂,可以抽吸或注射。冰毒是世界上滥用最多的毒品之一,其成瘾性比海洛因强,有一次成瘾的可能。

二、甲基苯丙胺片剂(俗称“麻古”)(methamphetamine tablet)

甲基苯丙胺片剂由甲基苯丙胺、咖啡因、香料、色素等成分混合而成,其中最主要的毒品成分为甲基苯丙胺。该类毒品中的甲基苯丙胺含量通常在5% ~25%。“麻古”或者“麻果”来源于泰语音译,系犯罪分子对该类毒品的俗称。人吸食后,直接作用于人的中枢神经系统,成瘾性很强,具有很强的迷幻、兴奋作用,容易导致急慢性精神障碍和急性心血管疾病,严重的可致猝死。

三、氯胺酮(俗称“K 粉”)(ketamine)

氯胺酮的外观为白色晶体粉末,实践中多将其表述为“K 粉”。氯胺酮为非巴比妥类静脉麻醉药,可选择地阻断痛觉传导,是一种较好的镇痛药物,有时也可用做兽用麻醉药。K 粉是一种很危险的精神药品,2003 年公安部将其明确列入毒品范畴。近几年,氯胺酮在我国的滥用人数不断增长,已上升至第三位,仅次于甲基苯丙胺和海洛因。滥用氯胺酮造成的现实危害不断加大,因其兼具麻醉和致幻的双重效果,会使人产生分离性幻觉,服用“K 粉”会让人对周围环境失去警觉,长期服用会造成脑部神经的损害,对中枢神经损害大于甲基苯丙胺的作用。实践中大量的自伤自残、暴力犯罪及“毒驾”案件多系吸食氯胺酮引发,超量服用也会造成死亡。

四、3,4 - 亚甲二氧基甲基苯丙胺片剂(以下简称 MDMA 片剂,俗称“摇头丸”)(3,4 - methylenedioxymetamphetamine)

MDMA,是一冰毒的衍生物,具有兴奋和致幻双重作用,滥用后可出现长时间随音乐剧烈摆动头部的现象,故称为“摇头丸”。“忘我”“快克”“亚当”,可以口服、抽吸、鼻吸或注射。MDMA 的纯品为无色油状液体,通常以盐酸盐形式存在,以粉末、药品或胶囊等形式非法出售,多为片剂,直径 0.7 ~0.8 厘米,重量在 0.3 克左右,颜色有白色、粉红色、橘黄色、蓝绿色等。市场上交易的未经加工的样品纯度一般在75% ~99%,走私样品通常用碳水化合物(葡萄糖、果糖、蔗糖、甘露糖醇等)、硫酸镁、咖啡因、麻黄碱等进行稀释,纯度在 40% 以下。摇头丸属于中枢神经及交感神经兴奋剂,早期用于治疗嗜睡症,可减轻焦虑心情,但服后易对陌生人采取较友善态度,警惕能力降低,较易与陌生人发生性行为,从而感染性病或艾滋病等。滥用 MDMA 除具有快感外,主要表现为精神亢奋、情绪冲动、口若悬河、滔滔不绝,服用后作用时间一般为 8 小时。吸毒者一般开始小剂量口服,服后出现兴奋失态,听到音乐即会如醉如痴、摇头不止且可会出现幻觉和冲动,造成行为失控。随着机体产生耐受性,吸食者的服药剂量越用越大,进而为求得初用时的效力与快感,需服用初始剂量的 100 倍左右,每天达数百毫克,这样的剂量对于一个未曾用过的人来说,将是致死量。目前,非法市场上泛滥的“摇头丸”片剂很多,片剂的颜色和形状各异,一般在药片的两面均刻有各种图案。图案的种类也是多种多样的,大多数为“88”“CIC”“P”等字样或钻石、心形、动物等形状的图案。

五、含氯胺酮(地西泮、咖啡因等)成分的液体(俗称“神仙水”)

“神仙水”是一种新类型混合型毒品的俗称,近年来在全国各地均出现滥用,危害范围较广。“神仙水”本身没有固定的成分、含量标准,且在我国不同地区成分和含量差异较大。根据国家毒品实验室掌握的情况,“神仙水”以氯胺酮为主要成分,但含量不固定,同时添加咖啡因、地西泮、曲马多等多种毒品成分,个别还含有甲基苯丙胺或者MDMA。应当根据该类毒品的主要毒品成分和具体形态确定名称,如表述为含氯胺酮(地西泮、咖啡因等)成分的液体等。

六、合成的可卡因类麻醉剂

(一)普鲁卡因(procaine)

普鲁卡因,又名奴夫卡因(novocaine),是一种白色细微状结晶或结晶性粉末,无臭、味微苦而麻。为局部麻醉药品,用于浸润局麻。普鲁卡因常用作毒品掺杂剂,在海洛因、“摇头丸”等常见市售毒品中常常能检出这种药物。

(二)利多卡因(lidocaine)

利多卡因,又名塞罗卡因(xylocaine),是一种无色结晶性粉末,无臭、味微苦而麻,极易溶于水和乙醇,可溶于氯仿,不溶于乙醚。游离的利多卡因为白色结晶性粉末,有特臭。该品局麻作用较普鲁卡因强,维持时间也比其长,主要用于强阻滞麻醉及硬膜外麻醉。利多卡因常用作毒品掺杂剂,在海洛因、“摇头丸”等常见市售毒品中常常能检出这种药物。

七、安钠咖

作为常用咖啡因制剂,安钠咖又名苯甲酸钠咖啡因,是苯甲酸钠和咖啡因以 1∶1 的比例配制而成,外观常为针剂。咖啡因(caffine)为常见毒品的掺杂剂,常与苯丙胺类毒品、海洛因等制成混合毒品。咖啡因俗称咖啡精,为质轻、柔韧、有光泽的针状结晶或粉末,无臭、味苦,因系从天然植物中提取的生物碱,又称咖啡碱。有 60 多种植物中含有咖啡因。通常咖啡因有吸食和注射两种,其兴奋刺激作用及依赖性与苯丙胺类毒品近似。我们平时喝的咖啡、茶叶中均含有一定数量的咖啡因,一般每天摄入咖啡因总量在 50 ~ 200 毫克以内,不会出现不良反应。

八、三唑仑

三唑仑，又名“海乐神”“酣乐欣”，淡蓝色片，是一种强烈的麻醉药品，口服后可以迅速使人昏迷晕倒，故俗称迷药、蒙汗药、迷魂药。三唑仑可伴随酒精类共同服用，也可溶于水及各种饮料中，其药效比普通安定强45～100倍，服用5～10分钟即可见效，用药2片致眠效果可以达到六小时以上，昏睡期间对外界无任何知觉，服用后还使人出现狂躁、好斗甚至人性改变等情况。

九、安眠酮(methaqualone)

安眠酮，又称海米那(hyminal)、眠可欣、甲喹酮，化学名为甲苯喹唑酮，是喹唑酮衍生物。安眠酮纯品为白色结晶性粉末，无臭、味微苦，系低毒性催眠药，一般较安全，但大量服用仍可中毒致死。在西北地区，一些吸毒人员吸食一种叫做“忽悠悠”的毒品。这种“忽悠悠”药片的主要成分是安眠酮和麻黄素，分别是国家管制的一类精神药品和易制毒化学品。因服用这两种药片后会产生打瞌睡、似酒醉、走起路来摇摇晃晃的状态，故叫“忽悠悠”。

十、常见致幻剂

(一)麦角酰二乙胺(LSD)

麦角酰二乙胺，又称LSD，是已知药力最强的致幻剂，极易为人体吸收。纯的LSD无色、无味，最初多制成胶囊包装。麦角酸二乙酰胺因为有剧烈毒性，为了方便贩卖和吸食，贩毒者常将纸张浸泡在毒品溶液中，然后将吸水纸切割成形似邮票但面积更小的形式出售，俗称“小邮票”，也有发现以丸剂(黑芝麻)形式销售。在我国台湾及我国香港地区也有以黑色砂粒状小颗粒(状似六神丸)方式呈现，叫做“一粒砂”“黑芝麻”“蟑螂屎”等名称。由于食用这种黑色、小如细沙的“黑芝麻”毒品以后，听到节奏强烈的音乐就会不由自主地手舞足蹈，药效长达12个小时,故又称作"摇脚丸"。LSD被认为是当代最惊奇、最强烈的迷幻药,吸毒者通常服用的剂量为50～300微克。服用后会产生幻视、幻听和幻觉,出现惊慌失措、思想迷乱、疑神疑鬼、焦虑不安、行为失控和完全无助的精神错乱的症状,同时会导致失去方向感、辨别距离和时间的能力,因而导致身体严重受伤或死亡。

(二)苯环己哌啶(PCP)

苯环己哌啶(phencyclidine),又称为PCD或普斯普剂,是一种有麻醉作用的致幻类药。这种药物于1956年合成,1957年推荐到临床作为麻醉药使用,后发觉麻醉术后有许多很严重的反应,1965年停止使用。也称普斯普剂,是一种有麻醉作用的致幻类药物。

PCP作为毒品20世纪70年代中期在欧美流行,由于其制作简单、价格低廉,成为至今仍在泛滥流行的致幻剂。PCP具有兴奋、抑制、致幻和镇痛等多种特性。作为毒品,进入人体后,在人体内均匀分布,即使它使人失去反应进入完全麻醉状态时,病人的眼睛仍然睁开,就像醒着的样子。PCP有"天使尘""粉末天使""廉价可卡因""黎明曙光""无声雾""和平丸""喷气机""火箭燃料""蜜蜂忙""超级可乐"等称呼。服用PCP后因思维混乱、感觉迟钝、判断力和自控力下降引起的死亡人数要远比这种毒品本身的毒性所造成的死亡人数多,而且很多死亡原因在常人看来是完全可以避免的。如服用者因思维混乱、自控力太差而溺死在浅水滩中;因感觉迟钝、痛感消失又无力辨别方向而在完全可以逃生的火灾事件中被活活烧死等。

(三)麦司卡林(mescaline)

麦司卡林,化学名为三甲氧苯乙胺,俗名"美色卡",又因是从美国南部与墨西哥的威廉斯仙人球中提出,又称"北美仙人球毒碱"。粗提取物为仙人球膏,又称皮约特(peyote),其中所含生物碱中约3%是麦司卡林,其次还有苯乙胺、N－甲基－三甲氧基苯乙胺、去甲基三甲氧基苯乙胺、大麦草碱等,共30余种。麦司卡林是强致幻剂,没有医药用途,非法药物市场上常常以盐酸盐或硫酸盐的形式存在,其盐为结晶体,制剂有丸剂和溶液剂。麦司卡林会引起独特的精神效应和感知强化作用、视幻觉等,导致心动过速、瞳孔散大、肢体反射亢进、震颤、恶心、呕吐等,长期服用可导致器官损伤。

第四节 易制毒化学品及其识别

一、易制毒化学品的概念

易制毒化学品是指用于非法生产、制造或合成毒品的原料、配剂等化学物品,包括用以制造毒品的原料前体、试剂、溶剂及稀释剂、添加剂等。易制毒化学品本身不是毒品,但其既是一般医药、化工的工业原料,又是生产、制造或合成毒品必不可少的化学品,具有合法用途和非法用途的双重性质。这决定了它们不能与普通商品一样完全自由生产和交易,而应当被严格管制。我国《刑法》将易制毒化学品称为"制毒物品",而在国务院颁布实施的《易制毒化学品管理条例》中,又被称为"易制毒化学品"。我国 2005 年 11 月颁布实施了《易制毒化学品管理条例》,确定将 23 种化学品分三类进行管理。第一类是可以用于制毒的主要原料,第二类和第三类是可以用于制毒的化学配剂。2008 年 8 月,根据《关于国务院批准将羟亚胺列入第一类易制毒化学品的公告》,将羟亚胺列入《易制毒化学品管理条例》附表第一类易制毒化学品进行管制。2012 年 8 月,公安部、商务部、卫生部、海关总署、国家安全监管总局五部门联合发布《关于管制邻氯苯基环戊酮的公告》,将制造羟亚胺的原料邻氯苯基环戊酮列入《易制毒化学品管理条例》附表第一类易制毒化学品进行管制。2014 年 5 月,公安部会同国家安全监管总局、食品药品监管总局、商务部、海关总署等部门发布《关于将溴代苯丙酮等增列为第一类易制毒化学品管理的公告》,将溴代苯丙酮、α－氰基苯丙酮列入《易制毒化学品管理条例》附表第一类易制毒化学品进行管制。

二、易制毒化学品的分类

(一)列入管制的易制毒化学品第一类

这一类化学品大多都是制毒所需的前体,因此国家对这一类化学品的管理也最为严格,其购买和运输均采用许可制度。第一类易制毒化学品分别是:

1. 1-苯基-2-丙酮:常温下略带黄色的油状液体,微溶于水,易溶于乙醇、丙酮、氯代烃及芳烃等有机溶剂,由苯乙酸与醋酐在无水醋酸钠存在下反应而制得,是医药和农药的中间体,特别是杀鼠剂敌鼠、氯鼠酮等产品合成的重要中间体。

2. 4-亚甲基二氧苯基-2-丙酮(胡椒基苯丙酮):无色或淡黄色液体,密度1.20,有特殊胡椒味,可溶于丙酮和氯仿等有机溶剂。合法用途是作为合成高血压等药品合成中间体;非法用途则被用于制造MDMA、MDA(俗称摇头丸)、MDE等毒品。

3. 胡椒醛:天然品少量存在于越橘、甜瓜、香胡椒、鸡、雪莉酒、刺槐属等花油和香荚兰豆等中。白色或黄白色闪光结晶,在空气中露光后呈红棕色;呈甜的香草和樱桃似香气;极易溶于乙醇和乙醚,溶于丙二醇和大多数非挥发性油,微溶于矿物油,不溶于甘油和水。合法用途:广泛用于香水、香料、樱桃与香草味的调味剂,也可用于有机物的合成。非法用途主要是通过制成胡椒基甲基酮来制造MDMA、MDA(俗称摇头丸)、MDE等毒品。

4. 黄樟素:无色或浅黄色液体,有樟木气味,易溶于乙醇,能与氯仿、乙醚混溶,不溶于水和甘油,低毒,有致癌可能性。黄樟素能除肥皂的油脂臭,常作廉价的香料使用于皂用香精中。但最主要的用途是作为洋茉莉和香兰素的原料,也用于制取胡椒醛。

5. 黄樟油:无色或浅黄色液体,有樟木气味,是一种香料,制造胡椒醛,还可用于单离黄樟素,作为合成洋茉莉醛等香料的原料。

6. 异黄樟素:无色至微黄色液体,有柔甜辛香,隐约的花香茴清香气,也有些类似茉莉醛的气息,香气强烈而留长。异黄樟素在弱碱性和弱酸性介质中稳定,在强碱性中会异构化,并变色;在强酸中亦导致变色。大都属于皂用香精,也可作为制造 MDA 的前体。

7. N－乙酰邻氨基苯酸:纯白色或黄白色粉状晶体,味甜,易溶于醚、苯、丙酮、热水、热乙酸和热醇,微溶于水。其合法用途主要是在药物、塑料及精细化学中做化学中间体;非法用途主要是制造安眠酮和新安眠酮。

8. 邻氨基苯甲酸:可燃,具刺激性。其对眼睛、皮肤、黏膜和上呼吸道有刺激作用,对环境也有危害,对水体和大气可造成污染。非法用途主要是制造安眠酮和新安眠酮。

9. 麦角酸:从麦角中提取得的吲哚生物碱的一种。

10. 麦角胺:麦角胺 ergotamine 一种肽型生物碱,存在于麦角菌中。无色晶体。主要是通过对平滑肌的直接收缩作用,使扩张的颅外动脉收缩;或与激活脉管壁的 5－羟色胺能受体有关,使脑动脉血管的过度扩张与搏动恢复正常从而使头痛减轻。

11. 麦角新碱:合法用途主要是作为妇产科催产药和治疗偏头痛的血管收缩药。麦角制剂还可用于预防和治疗产后子宫出血及治疗子宫复原不佳等。其非法用途主要是制造麦角酸和麦角酰二乙胺。

12. 麻黄素、伪麻黄素、消旋麻黄素、去甲麻黄素、甲基麻黄素、麻黄浸膏、麻黄浸膏粉等麻黄素类物质。

13. 羟亚胺:是制造毒品氯胺酮(俗称"K 粉")的主要原料。

14. 邻氯苯基环戊酮:是制造毒品氯胺酮的前体原料,其主要用途是制造羟亚胺后进一步加工提炼成氯胺酮。

15. 溴代苯丙酮:可用来化学合成麻黄素进而加工甲基苯丙胺。

16. α－氰基苯丙酮:可用来化学合成苯基－2－丙酮进而制造甲基苯丙胺。

(二)列入管制的易制毒化学品第二类

第一类化学品基本上是制毒所需的重要溶剂或试剂,所以国家对

这一类化学品的管理也比较严格,购买此类化学品采用备案制度,运输则采用许可制度。第二类易制毒化学品分别是:

1. 苯乙酸:苯乙酸是医药、农药、香料等有机合成的中间体。在医药工业中用于青霉素、地巴唑等药物的生产。非法用途主要是用于制造苯丙胺、甲基苯丙胺。

2. 醋酸酐:无色透明液体,有强烈的乙酸气味,味酸,有吸湿性,易燃,有腐蚀性,勿接触皮肤或眼睛,以防引起损伤。有催泪性。其在医药工业中用于制造合霉素、痢特灵、地巴唑、咖啡因和阿司匹林、磺胺等药物。非法用途主要是可同乙醚、吗啡生物碱等反应制造海洛因;与邻氨基苯甲酸反应生成 N-乙醚邻氨基苯酸后用于加工安眠酮。

3. 三氯甲烷:无色透明液体。有特殊气味;味甜;低毒,有麻醉性;有致癌可能性。在医学上,其常用作麻醉剂。非法用途主要是用作合成海洛因、可卡因及其他多种毒品的溶剂。

4. 乙醚:无色透明液体;有特殊刺激气味;带甜味;极易挥发;易燃、低毒。医药工业用其作药物生产的萃取剂和医疗上的麻醉剂。非法用途主要是可将海洛因和可卡因碱处理成它们的盐类衍生物。

5. 哌啶:无色液体,有像胡椒的气味。用于制药,主要是盐酸哌啶和硝酸哌啶(片状晶体,熔点 110℃),也用于其他有机合成,并用作环氧树脂的熟化剂等。哌啶由吡啶经氢化而制得,其非法用途主要是可用于合成 PCP。

(三)列入管制的易制毒化学品第三类

这一类化学品基本上是制毒所需的溶剂、试剂或添加剂,但由于这 6 种化学品在工农业、医学、化工等各个领域都广泛应用,所以国家对这一类化学品的管理与前两类相比相对较松,其购买、运输均采用备案制度。第三类易制毒化学品分别是:

1. 甲苯:无色澄清液体,有苯样气味,有强折光性,高浓度气体有麻醉性,有刺激性。其非法用途主要是在盐酸可卡因和其他管制物质生产过程中作为添加剂使用。

2. 丙酮：无色液体，具有令人愉快的气味（辛辣甜味），易挥发，能与水、乙醇、N,N－二甲基甲酰胺、氯仿、乙醚及大多数油类混溶。非法用途其主要是可溶解吗啡碱溶液、制造海洛因以及将可卡因碱转化为盐酸可卡因。

3. 甲基乙基酮：无色透明液体，有类似丙酮气味，易挥发。其非法用途主要是合成盐酸可卡因时作为溶剂使用。

4. 高锰酸钾：在医药上用作防腐剂、消毒剂、除臭剂及解毒剂。通过氧化菌体的活性基团实现杀菌作用。其非法用途主要是作为去除可卡因膏杂质时的氧化剂和制造麻黄酮（甲卡西酮）时的试剂。

5. 硫酸：非法用途主要是从古柯叶中萃取可卡因、由可卡因膏转变成可卡因碱或者制造一些管制物质的硫酸盐。

6. 盐酸：非法用途主要是用于制造海洛因、可卡因等毒品的盐酸盐以及在毒品加工过程中作配剂。

三、易制毒化学品的识别和处理

（一）易制毒化学品的一般识别

1. 观察包装物。包装化学品的容器形状各异，大小不同，所用材料也不同，有玻璃瓶、塑料桶及编织袋等。

2. 查看标签。对可疑化学品首先看有无标签，如无标签或标签模糊的要认真调查其来源及尽可能确定物品性质；如有标签，要确认标签与内容物是否一致，是否为易制毒化学品。

3. 可疑行为。走私或贩卖易制毒化学品的犯罪分子经常隐藏易制毒化学品的运输方法和目的地，并用多种方法将其伪装成合法物品，当遇到运输化学品过程中的以下几种可疑迹象时，要注意跟踪调查：

（1）乱贴标签、新标签盖住旧标签、没有标签或标签内容不明确；

（2）非正常方法保存化学品，如用水桶等；

（3）携带化学品的人不能提供供应者或收货人的有关信息；

(4)商业文件如交货单、发票或收据中发现错误或可疑点,如数量不对、化学品名称不符或无名称、现金购买,供应者或收货人、收货地点可疑等。

4. 对生产设备进行勘察。由于各地条件不同,设备和仪器也会有很大差别。不同制毒工艺其工具和设备也不相同,因此要因地而异、因物而异、因时而异。

(二)易制毒化学品的处理

大部分易制毒化学品具有一定的危险性。有的具有强烈的腐蚀性,如强酸、强碱;有的易燃易爆,如高锰酸钾、丙酮、乙醚等;有的具有刺激性,如醋酸酐、哌啶、胡椒基甲基酮等,所以要慎重处理或销毁。

1. 不要随意开启瓶盖,不要使容器泄漏或使其破坏,不要用鼻或口直接闻或直接尝;

2. 运输时要轻拿轻放,防止碰撞或震动;

3. 远离热源、火源和防止光线直接照射;

4. 处理易制毒化学品时严禁吸烟;

5. 注意容器上标签的标志:如剧毒、有毒害、腐蚀、易燃、易爆等。

第五节 吸毒人员的识别

一、吸毒的方式

吸毒是我国的习惯讲法,多用在社会、法学等领域。“药物滥用”(drug abuse)是国际上对吸毒行为的通用术语,是指长期地使用过量具有依赖性潜力的药物。这种用药与公认医疗实践的需要无关,导致了成瘾性以及出现精神混乱和其他异常行为。毒品通过特定的药理学机制来改变人大脑内的神经化学活动,从而改变人的正常意识状态。这些变化是病理性的、一过性的,无法持久。截至 2015 年年底,全国现有吸毒人员 234.5 万名(不含戒断三年未发现的复吸人数、死亡人数和离境人数）；其中滥用海洛因等阿片类毒品人员约98万名，占41.8%；滥用合成毒品人员约134万名，占57.1%；滥用其他毒品人员约2.5万名，占1.1%。

吸毒主要有烟吸、烫吸、鼻嗅、口服、注射五种常见方式。但因最初滥用毒品的方式为口鼻吸入，所以至今将滥用毒品的各种方式习惯统称为“吸毒”。

按毒品进入人体的途径分为以下几种方式：

（一）通过呼吸道吸入毒品

1.“追龙”：将毒品粉末倒在锡铂纸上，将灯火机打燃，在锡铂纸下加热使毒品产生烟雾，同时嘴含吸管，并在纸上来回移动，一边加热一边将烟雾吸入呼吸道。

2.与香烟同吸：将毒品卷入香烟内（有的是特制含毒香烟），使毒品随着香烟烟雾一起吸入呼吸道。

3.烟枪吸毒：将毒品装上专用烟枪，在火上燃烧，吸其烟雾。

（二）血管注射吸收毒品

1.静脉注射：杯（或瓶）中倒入适量毒品粉末，加水溶解。注射部位消毒皮肤后，用注射器抽取毒品溶解液，从静脉注入。

2.动脉注射：其方法与静脉注射法相同，所不同的是从动脉注入。

3.其他注射法：皮下注射、肌肉注射、指甲下注射，这些注射方法与静脉、动脉注射法相同。

（三）吞服毒品

将毒品直接吞入胃肠道，通过胃肠吸收，进入血液循环。

（四）黏膜摩擦吸收毒品

将毒品在口腔黏膜或鼻黏膜上摩擦，使毒品通过黏膜而吸收。

以上各种吸毒方式，一般来说注射方法起效快、吸收完全，强度大，尤其动脉注射更是如此，但程序较复杂，有一定危险性。如果消毒不严格，容易感染细菌、病毒；其他方法起效较慢，强度较小但较简单、安全。吸毒者往往根据自己的习惯、毒品的种类等，采用不同的方法。

如纯度较低的毒品("黄皮"或"青皮")多用呼吸道吸毒的方法;鸦片只采用烟枪或吞服;纯度高的"白粉"则多采用注射法。静脉注射毒品的危害最大,不仅毒瘾越来越严重,而且极易感染其他疾病。如有的吸毒者注射毒品时,一时找不到蒸馏水稀释,就用自来水或抽出自己的血液稀释,注射器也不消毒,极易感染。吸毒者还常常众人共用一个注射器,容易交叉感染,所以吸毒者中高发肝炎、结核、艾滋病等传染病。静脉注射若过量还易造成死亡。还有的吸毒者将一些不适于静脉注射的片剂、粉剂混入水中供静脉注射,如此注入不溶颗粒而形成血管栓塞,其后果十分严重。我国艾滋病患者中90%以上是因静脉注射毒品造成的。

二、吸毒者的识别

(一)吸毒人员外表特点

1. 躯体特征

吸毒时间较长、吸毒程度较深的人确确实实有些共同特征的。一般来说吸毒者"形体消瘦、脸色灰黄、体质衰弱、面青唇白、未老先衰、头发早白、牙齿松动、皮肤干燥、声音哑颤"。首先,这是由于吸毒后长期处于一种极度营养不良的状态,加上毒品对肝肺等重要器官的直接影响,吸毒者一般脸色苍白、形体消瘦。其次,由于毒品对呼吸中枢有直接影响,肺和支气管也多见并发症状,吸毒者处于一种慢性缺氧的状态,故脸青唇瘀。最后,由于长期营养不良和毒品对内分泌的直接作用,令吸毒者的性激素水平失调、下降,因此导致种种未老先衰的表现,如第二性征消退、头发早白、牙齿松动、皮下脂肪减少、皮肤弹性变差,出现与年龄不相符的老态。

2. 皮肤特征

注射是滥用毒品的常用方式。吸毒者最初在胳膊内侧的静脉进行注射,随着注射次数增加,经常被注射部位的静脉和皮肤都会发生病变。此时吸毒者就会选择双手或双脚背部、双腿、腹股沟、颈部、乳房下侧（女性吸毒者）、舌头下部、阴茎背部进行注射。这些部位除了常见的针眼外还会形成纹身状痂皮和疤痕，可据此进行判断。

3. 生理和精神反映

长期吸毒者会对毒品形成依赖，俗称“上瘾”。上瘾的吸毒人员如果一定时间不吸毒，肉体和精神就会出现各种痛苦状态，即产生戒断症状，具体表现为吸毒者随着时间延长逐步出现失眠、出汗、涕泪交流、打哈欠、打喷嚏、呕吐、腹泻、肌肉痉挛、抑郁或易怒、烦躁不安等症状。这些生理和精神反映是判断一个人是否吸毒的重要依据。由于海洛因对人的神经系统的危害，吸毒者常出现精神恍惚，情感淡漠，性情改变，记忆力明显下降等特征。在交谈时很易察觉他们思维迟钝，精神也不集中，涉及吸毒及相关问题时还显敏感。由于长期吸毒，他们生活失衡，经济困难者必衣着邋遢、精神颓废、不讲卫生。吸毒者通常会较大量地吸烟，因此常见他们的手指焦黄。吸烟时往往处于半麻木状态和入眠之际，烟蒂易将本人皮肤烫伤或将卧具燃烧，造成突发性事故。

（二）吸毒人员行为特点

染上毒瘾一般有以下迹象：

1. 无故旷工、旷课，学业成绩、纪律或工作表现突然变坏。

2. 在家中或单位偷窃钱财、物品，或突然频频地向父母或朋友索要或借钱。

3. 长时间躲在自己房间内，或远离他人，不愿见人，或外出行动表现神秘鬼祟。

吸食海洛因等麻醉类毒品的人员一般会选择比较隐蔽、安静的地方，如家中或卫生间、宾馆客房、洗浴场所的包房内等，吸食人数从一人到数人不等。而“摇头丸”“K粉”等兴奋剂类毒品的吸食地点大多集中在迪吧、KTV包房等娱乐场所和能够提供音响设备的民宅、宾馆客房和汽车等处，吸食人数一般在两人以上，基本上都是男女搭配。

4. 藏有毒品及吸毒工具。

搜查现场或吸毒嫌疑人身上是否留有毒品、注射器、针头、匙子、锡纸、瓶盖、小碟、吸管、纯净水、啤酒等物品。注射器、针头是注射海洛因和杜冷丁人员必备的吸毒用具；纯净水常被用作海洛因的稀释剂；匙子、锡纸、瓶盖是鼻吸海洛因的工具；K粉的鼻吸工具通常是吸管和小碟；“摇头丸”一般用啤酒等饮料送服。吸食海洛因、杜冷丁等麻醉类毒品的人员原则上是不饮酒的，否则会危及其生命。

5. 遮掩收缩的瞳孔，在不适当的场合佩戴太阳镜。

6. 为掩盖手臂上的注射针孔，长期穿着长袖衬衣。

海洛因、杜冷丁等麻醉类毒品常用的吸食方式是注射，注射部位一般是臂膀内侧的静脉，随着注射次数的增加、静脉的萎缩及其功能的退化，注射部位就移至手背部、双脚、双腿、腹股沟处、颈部、乳房下侧（女）、舌头下部、阴茎背部等处。所以，可通过观察吸毒嫌疑人身体表面注射后留下的痂皮及疤痕，推断其是否吸食海洛因等毒品。

7. 情绪不稳定，经常发怒、发脾气、坐立不安、睡眠差。

8. 经常无故出入偏僻的地方，与吸毒者交往。

三、对吸毒嫌疑人进行毒品检测

（一）尿检

尿检是判断其是否吸毒和吸食何种毒品最有效也是最准确的识别手段。毒品检测方法有多种，由于尿检盒具有携带方便、使用简单、准确率高等优点，目前被广泛使用。

【实训知识】

尿检时要注意

1. 尿样应在抓获吸毒嫌疑人6小时以内提取，尿检需在12小时内进行。有些吸毒人员刚刚使用过毒品，由于毒品在人体内需要代谢，所以并不能马上检测出来，遇到这种情况，可以等待半小时以后再提取尿样进行检测。

2. 吸毒人员尿检“三步法”为一看、二听、三摸，防范吸毒人员在日常的尿液检测中的作弊行为。（具体见图1）

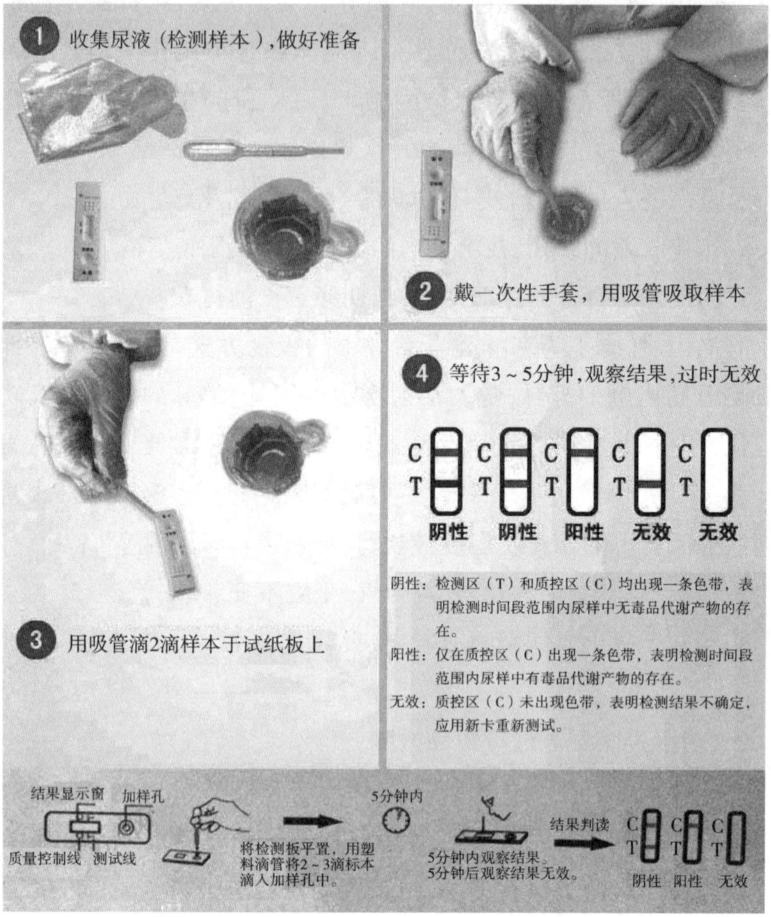

图1　吸毒人员尿检流程

一看，即用眼睛观察，在现场或者将违法嫌疑人员带至公安机关办案场所，按照“谁检测，谁负责”的原则，吸毒检测人员承担相应检测责任。进行吸毒检测的执法人员必须取得相关吸毒检测执法资格，未取得吸毒检测执法资格的人员一律不得从事吸毒检测工作且应当由两名以上工作人员进行。对女性违法犯罪嫌疑人采集尿液检测样本，应当由女性工作人员进行。这其中要注意的是，对违法嫌疑人员采集尿液时，负责尿液采集的民警必须始终跟随违法嫌疑人员，紧盯其小便,很多吸毒人员为了作弊,不让民警看着其小便,谎称说看着尿不出来,其实这个举动就是作弊的前兆,这样做是为了防止其在卫生间用便池内的尿液或水代替自己的尿液,从而进行作弊蒙混过关。

二听,即是用耳朵听,听吸毒人员小便时的声音。在日常的办案工作中,对吸毒人员进行尿液采集时,有些吸毒人员为了逃避打击,不让侦查人员看着其小便,都是斜对着或背着侦查人员小便,趁侦查人员不注意之际,假装小便完毕,直接按下冲水器,乘机在小便池中接上部分水,或者乘机在便池内舀上部分水充当自己的尿液。如果侦查人员未及时发现,按照正常程序检测结果肯定呈阴性,从而就逃避了打击。听的过程和看的过程是相辅相成的,在观察条件不是很好、环境特殊的情况下,可以将听与看有机结合。

三摸,即用手触摸装尿液纸杯的温度,当侦查人员用手接过装有吸毒人员尿液的纸杯的一瞬间,很随意地用手触摸纸杯的温度。如果纸杯明显有温度,证明尿液未作假;如果纸杯明显没有温度,尿液肯定有问题,就得做好重新检测的准备,重新检测的方法照旧。

如果要更准确地判断是否吸毒,吸食了哪种毒品以及戒毒的人体内是否仍有毒品残留,最好是用更专业、更可靠的检测方法来检测。

(二)其他专业的吸毒检测方法

1. 毛发验毒。这是检验“瘾君子”的有效手段,它能挖掘出吸毒者的用药程度——凡走过必留下痕迹。只要不剪掉毛发,可完整呈现受检者在过去几个月内吸食毒品的历程,因此毛发验毒被视为目前最有效的方法之一。虽然染发会使检测结果打折扣,但有没有吸毒仍可被检测出。而且不限头发,任何毛发都可检测,只是头发是最方便取得的检体,相对清洁,检测结果也较为准确。头发检测在国外运用很多,但是在我国运用较少,所以仍属于少见的检测形式。

2. 血液检测。这也是常见的毒品检测方式,通常用高效液相色谱—串联质谱法检测人血液中常见毒品残留量,结果精准。但对于一般家庭自检来说,就不具备该种仪器检测的条件了。

3. 唾液检测。这是最新出现的毒品检测方式,可以有效避免取尿不方便,当面验证,具有结果准确快速的特点。常用于交通检查是否毒驾,避免毒驾造成交通事故。

四、吸毒成瘾认定

(一)成瘾

成瘾是指个体不可自制地反复渴求从事某种活动或滥用某种药品,虽然这样做会给自己或已经给自己带来各种不良后果,但仍无法控制。成瘾不仅是一类躯体疾病,更是一种心理疾病。

从现象上看,成瘾可分为行为成瘾与物质成瘾。前者的主要特征是对自身的某种行为产生了不可抗拒的欲望(如性爱成瘾、赌博成瘾、电子游戏成瘾、网络成瘾等)。而后者中最常见的有酒瘾、烟瘾、滥用药物等成瘾行为。这些导致成瘾的物质,它们作用于人的中枢神经系统,影响精神活动,所以又称为精神活性物质。中国精神疾病分类方案(CCMD－2R)中将药物依赖命名为“精神活性物质所致的精神障碍”。吸毒的病理心理机制一直是人们关心的话题,随着生物学原因的研究不断深入,发现了人大脑中有一个主管愉快的部位,称作“奖赏区”。奖赏中枢是人和动物为了保证生命的生存和繁衍,使人和动物对食物和性行为感兴趣而进化出来的。这些神经回路在进化过程中被很好地保存着,这些功能在鸦片出现之前存在就很久了。人一旦吸食毒品,该区域就会分泌出一种叫做多巴胺的物质,让人感到愉快。而对于吸毒品者来说,他的“奖赏区”会发生改变,让人对愉悦的感觉难以忘却,直至造成心理成瘾。但是每吸食一次毒品就会让奖赏区受损一次,大脑分泌的多巴胺也会逐渐减少,直至完全剥夺人的快感,要维持原来的兴奋和愉悦,就会促使人四处寻找毒品,并不断加量予以维持。近年来研究发现,依赖(dependence)与成瘾(addiction)在大脑内分属不同的部位。就鸦片类物质而言,与依赖相关的主要是与痛觉有关的脑干和丘脑等部位,而成瘾则主要是与奖赏有关的奖赏通路

(前额叶皮质、腹隔核等)。治疗剂量和小剂量一般不激活奖赏系统,大剂量时奖赏系统被激活,而一旦激活便会产生渴求感和强迫性的继续用药行为。一旦外界停止了供应毒品,则人的生理活动就出现了紊乱,发生戒断反应。

(二)吸毒成瘾

2010 年 11 月 19 日公安部部长办公会议通过并经卫生部同意,自 2011 年 4 月 1 日起施行《吸毒成瘾认定办法》中首次用立法对吸毒成瘾概念作出的界定,"吸毒成瘾,是指吸毒人员因反复使用毒品而导致的慢性复发性脑病,表现为不顾不良后果、强迫性寻求及使用毒品的行为,同时伴有不同程度的个人健康及社会功能损害"。这里规定公安机关在执法活动中发现吸毒人员,应当进行吸毒成瘾认定,公安机关认定吸毒成瘾,应当由两名以上人民警察进行,并在作出人体生物样本检测结论的 24 小时内提出认定意见,由认定人员签名,经所在单位负责人审核,加盖所在单位印章。吸毒人员同时具备以下情形的,公安机关认定其吸毒成瘾:

1. 经人体生物样本检测证明其体内含有毒品成分;

2. 有证据证明其有使用毒品行为;

3. 有戒断症状或者有证据证明吸毒史,包括曾经因使用毒品被公安机关查处或者曾经进行自愿戒毒等情形。

吸毒成瘾人员具有下列情形之一的,公安机关认定其吸毒成瘾严重:

1. 曾经被责令社区戒毒、强制隔离戒毒(含《禁毒法》实施以前被强制戒毒或者劳教戒毒)、社区康复或者参加过戒毒药物维持治疗,再次吸食、注射毒品的;

2. 有证据证明其采取注射方式使用毒品或者多次使用两类以上毒品的;

3. 有证据证明其使用毒品后伴有聚众淫乱、自伤自残或者暴力侵犯他人人身、财产安全等行为的。

【本章小结】

毒品作为法律概念,具有药物依赖性、危害性、受管制性。毒品的种类也从最初传统植物衍化到花样繁多且成本低廉的化学合成毒品。吸毒人员吸毒的方式主要有烟吸、烫吸、鼻嗅、口服、注射五种常见方式。对吸毒检人员测方法主要有:尿检、毛发验毒、血液检测和唾液检测。

【实训作业】

实训项目一:毒品现场识别与初步检验;

实训项目二:吸毒人员识别、认定和处置。

第二章　铁路常见毒品犯罪

【教学目的及重点】

1. 当前毒情形势；

2. 毒品犯罪的特点；

3. 贩卖、运输毒品罪的认定。

第一节　我国毒情形势

一、世界毒源地

世界上毒品种植和生产主要集中在四个地区：东南亚的“金三角”、西亚的“金新月”、南美洲的“银三角”、非洲的“黑三角”。（见图2）

1.“金三角”地区位于老挝、泰国、缅甸三个国家的接壤地区，因盛产鸦片，以“金三角”在世界著称。

2.“金新月”地区位于西亚的阿富汗、巴基斯坦、伊朗三国接壤地区，是世界鸦片生产的另一大产地。

3.“银三角”地区位于南美，盛产古柯、可卡因，毒品产地遍布全球。

4.“黑三角”地区位于尼日利亚、加纳、肯尼亚、苏丹和南非五国接壤的边境地带。大麻是该区域种植、贩运和滥用的主要毒品。仅南非的大麻种植面积就超过了8.2万公顷。此外,非洲还是世界毒品贩运活动的主要中转站,摩洛哥则是从非洲将大麻运往欧洲毒品市场的主要集散地。

图2　世界四大毒品产区

二、当前毒情形势

当前,全球毒品问题仍处于加剧扩散期,一些国家和地区毒品问题持续泛滥,制造、贩卖、滥用毒品问题严重,毒品来源、吸毒人员、毒品种类不断增多,毒品问题已成为全球性的社会顽疾。在毒品问题全球化的大背景下,中国毒品形势依然严峻复杂,境外毒品渗透不断加剧,国内制毒问题日益突出,毒品滥用问题持续蔓延,毒品社会危害更加严重。

主要表现在以下四个方面:

(一)毒品来源内外并存

1. 境外来源

近年来,"金三角"地区正在从"海洛因王国"向"多元化的毒品王国"转变。在替代种植和毒品打击日益严峻的形势下,"金三角"贩毒分子开始谋求从单纯的毒品销售向技术输出转移,从单纯卖毒品变为"卖技术",利用网络技术升级传统毒品销售,毒品产销呈现出"多头生产""多头运输""多头销售"的模式,尤其以制毒技术的传播最为典型;"金三角"仍是我国海洛因和冰毒片剂的主要来源地。据中国国家禁毒委员会办公室与缅甸、老挝中央禁毒委员会合作开展卫星遥感监测数据显示,近年来"金三角"地区罂粟种植面积总体处在60万亩至70万亩间,年均可产600多吨鸦片或制成60多吨海洛因。同时,该地区冰毒片剂年均产量远大于海洛因产量。"金三角"与中国有关的贩毒路线主要有三条:从缅甸至云南经广西、广东至港澳;从缅甸至云南经新疆至哈萨克斯坦;从缅甸、老挝经越南至中国。同时,因中缅也加强了禁毒合作,导致从缅甸运输毒品进入中国的成本急剧攀升,目前老挝北部和越南西北部成了贩毒组织新的选择。

"金新月"地区毒品向我国渗透规模、手段明显升级,在利用航空渠道、人体藏毒、小规模渗透不减的同时,利用集装箱藏运、开辟海上通道、大宗走私增多,"金新月"海洛因现实危害进一步加大。2006年阿富汗首次超过缅甸成为世界第一大鸦片生产国,当年的鸦片产量与2005年相比增长了50%。根据联合国毒品和犯罪问题办公室、阿富汗禁毒部联合发布的《2015年阿富汗鸦片调查报告》显示,2015年阿富汗罂粟种植面积为274.5万亩,同比减少19%,鸦片总产量3300吨,可制海洛因330吨,仍是全球最大的鸦片和海洛因产地。以非洲裔为代表的国际贩毒团伙向中国贩运"金新月"海洛因的问题突出。2015年,全国破获"金新月"海洛因走私入境案件38起,缴获"金新月"海洛因146.3公斤。根据中国国家毒品实验室检验数据分析,2015年前三季度"金新月"海洛因占同期国内查缴海洛因总量的2%。

势力强大的南美国际贩毒集团也开始向中国渗透,南美可卡因走私入境时有发生。2015年全国破获可卡因案件70起,缴获可卡因97.7公斤,涉及国内9个省份。非洲、南美洲及中国香港籍人员通过物流寄递、旅客箱包夹藏方式走私可卡因入境或过境中国内地,最终目的地多为广东和香港。截至2015年年底,全国累计发现、登记滥用可卡因人员202名,吸毒人员查获地涉及国内18个省份。现哥伦比亚贩毒集团、香港贩毒集团以及大陆的贩毒组织已经开始结盟,共同将大量毒品打入亚洲的市场,大量的毒品试图进入中国大陆。他们贩毒手段先进,财力雄厚,高科技手段应用较多,犯罪集团经验丰富。20世纪80年代,南美贩毒集团分子用可卡因粉同一种物质制成的水黏剂混合,制成黄、蓝、红、绿等各种油画、颜料画作,只要将画浸泡在特制的药品里,每幅画就可回收200克高纯度的可卡因,使禁毒人员不易发现。

2. 境内来源

国内制造冰毒晶体、氯胺酮,制造走私新精神活性物质问题活动依然突出。2015年,全国破获制造冰毒晶体案件484起,同比增加17.2%,涉及广东、四川等26个省份;破获制造氯胺酮案件118起,同比增加12.4%,涉及广东、广西等12个省份。国产毒品缴获量79吨,占全国毒品缴获总量的77.3%。经过整治,广东汕尾、揭阳、惠州等地制毒活动的猖獗势头得到一定程度遏制,制毒人员不断向周边地市、相邻省份转移。四川成都及周边地区制毒问题出现一定程度反弹。

局部地区土制海洛因等问题仍有存在。山西、河南、陕西三省交界处加工、滥用土制海洛因问题较为突出。2015年,全国破获制贩大麻类案件1158起,缴获大麻及大麻树脂8.7吨。破获制贩安钠咖类毒品案件216起,滥用问题主要集中在内蒙古、山西等地。破获制贩甲卡西酮案件291起,滥用问题主要集中在西北地区。

3. 制毒物品来源

非法生产贩卖制毒物品风险加大。随着国内外制造毒品对原料配剂需求加大,国内非法生产贩卖制毒物品问题更加突出。2015年,全国共破获制毒物品案件531起,其中公安部毒品目标案件60起,同比增加1倍,缴获各类制毒物品1566.1吨。由于制毒物品可选择性和替代性强,其流通品种、环节不断发生变化。制毒物品品种更新换代和非列管制毒物品流失用于制毒的潜在风险持续增大。制毒物品犯罪呈现生产、交易异地实施,一体化组织的产业链条,制造工艺得到改进,生产能力不断提升。

非法零星种植罂粟问题屡禁不止。2015 年,全国共破获非法种植毒品原植物违法犯罪案件 6169 起,查处违法犯罪人员 6549 名;共发现铲除非法种植罂粟 289 亩、306.1 万株,同比分别下降 53.3% 和 29.9%;发现铲除大麻 1882 亩、148 万株,同比分别上升 882% 和 87.9%。一些地方零星非法种植罂粟问题仍较突出,非法种植大麻问题呈增多趋势,已形成非法种植、土法加工、销售滥用的犯罪链条。个别地方出现室内或大棚种植大麻的现象。

(二)毒品走私贩运活跃

当前毒品走私贩运活动处于活跃期。走私贩毒有组织化程度越来越高,一些地方形成贩毒集团和网络,专业性越来越强,贩毒大案明显增多。贩运毒品通道也呈多样化。除人身携带、随身物品夹带等传统运输手段外,当前随着"互联网+"思维在各个领域的适用,物流、寄递业也随之快速发展,加之物流寄递业包裹检查措施不落实、监控管理不到位等诸多原因,贩毒分子选择物流寄递通道进行走私贩毒被查获的可能性大大降低,为此打击利用物流寄递业走私贩毒是公安禁毒部门当前重要的任务。

贩毒主体以青少年和农民为主。2015 年,全国抓获毒品犯罪嫌疑人员 19.4 万名,其中 18 岁以下未成年人 3588 名、18 岁至 35 岁以下人员 11.5 万名,35 岁以下人员数量占被抓获毒品犯罪嫌疑人员总数的 61.3%。农民和无固定职业人员 15.3 万名,占被抓获毒品犯罪嫌疑人员总数的 78.9%。此外,贩毒人员还涉及国家公务员、工人、学生、个体工商业者、公司职员等。

毒品犯罪暴力化程度加剧。2015 年,全国破获涉枪毒品目标案件 257 起,缴获各类枪支 466 支、子弹约 3 万发,同比分别上升 52%、40.4% 和 843.4%。涉枪毒品案件高发,贩毒人员实施武装贩毒、暴力抗法时有发生，给缉毒执法工作带来巨大风险。

利用网络贩毒问题突出。2015 年全国破获互联网涉毒案件 1.5 万起，抓获违法犯罪嫌疑人 3.6 万名，其中刑事处罚互联网服务提供者 256 名，缴获各类毒品 4.3 吨、易制毒化学品 10.1 吨，清理整治各类涉毒违法信息 6.5 万余条，关停取缔涉毒网站 832 家，关停涉毒通信账号 576.8 万个，通报有关部门停止解析涉毒违法网站域名 529 个，通报工信部门封堵涉毒境外违法网站 1471 个。

重大贩毒案件明显增多。2015 年，全国打掉制贩毒团伙 5834 个，同比上升 18.1%；破获公安部毒品目标案件 1139 起，抓获犯罪嫌疑人员 1.6 万名，同比分别上升 54.6% 和 51.8%；全国破获单案缴毒量公斤级以上毒品案件 5588 起，其中，海洛因案件 1292 起、冰毒晶体案件 1582 起、冰毒片剂案件 1350 起、氯胺酮案件 407 起。

外籍人员贩毒时有发生。2015 年，全国破获外籍人员毒品犯罪案件 1491 起，抓获外籍犯罪嫌疑人员 1927 名，缴获各类毒品 13 吨，涉及缅甸、越南、尼日利亚、巴基斯坦等 39 个国家。其中，全国破获跨国境公安部毒品目标案件 122 起，抓获涉案人员 1287 名，缴获各类毒品 9.4 吨，同比分别上升 27.1%、41.6% 和 4.3%。2015 年，中国收到 29 个国家和地区 202 条涉毒线索核查函。外籍毒品犯罪嫌疑人员在华贩毒，既将境外毒品贩入国内，又将境内毒品和制毒物品走私国外。

（三）中国毒品滥用结构发生深刻变化

《2015 年中国毒品形势报告》中显示，截至 2015 年年底，全国现有吸毒人员 234.5 万名（不含戒断三年未发现复吸人数、死亡人数和离境人数），其中滥用海洛因等阿片类毒品人员 98 万名，占 41.8%；滥用合成毒品人员 134 万名，占 57.1%；滥用其他毒品人员 2.5 万名，占 1.1%；被查获一次且无戒毒史的偶吸人员 106.9 万名，复吸（成瘾）人员 127.6 万名，分别占 45.6% 和 54.4%；男性 200.7 万名，女性 33.8 万名，分别占 85.6% 和 14.4%；不满 18 岁的未成年人有 4.3 万名，占 1.8%；18 岁到 35 岁的人员有 142.2 万名，占 60.6%；36 岁到 59 岁的人员有 87 万名,占 37.1%;60 岁以上的人员有 1.1 万名,占 0.5%;在明确登记职业信息的吸毒人员中,无业人员占 69.5%,农民占 17.3%,工人占 4.7%,个体经营者占 3.4%,自由职业者占 3.2%,职员占 1%,学生占 0.5%,专业技术人员、企业管理人员以及公职人员、演艺界明星等占 0.4%。全国毒品滥用问题呈现出滥用海洛因等阿片类毒品人员比例下降,滥用合成毒品人员比例上升,吸毒人群覆盖各个年龄段、不同文化程度、各个社会职业群体"一降一增"和"三个全覆盖"的特点。以青少年为主体的滥用合成毒品问题突出,吸毒人员低龄化趋势明显。2015 年,全国报告发生因滥用毒品导致暴力攻击、自杀自残、毒驾肇事等极端案件事件 336 起,查获涉案吸毒人员 349 名;破获吸毒人员引发的刑事案件 17.4 万起,占刑事案件总数的 14%。其中,抢劫、抢夺、盗窃等侵财性案件 7.2 万起,涉毒犯罪案件 7.4 万起;杀人、绑架、强奸等严重暴力案件 716 起;依法注销 14.6 万名吸毒驾驶人驾驶证,拒绝申领驾驶证 1.1 万人。由此可见,毒品滥用严重危害社会治安和公共安全。

(四)易制毒化学品的走私、流入非法渠道情况比较严重

近年来,全球范围内制毒活动日益猖獗,导致对易制毒化学品需求持续增加。美国《2014 年毒品控制策略报告》中显示:"中国是个易制毒化学品的生产和出口大国,这些化学前体用于合法的工业用途。许多大化工厂都位于沿海城市,有着便利的港口设施,这给犯罪集团将合法货运转到非法用途提供了机会。在墨西哥和中美洲查获的用来非法制造冰毒的易制毒化学品大多是由中国合法进口的,或是经由中国中转。2013 年中国的执法行动似乎遏制了易制毒化学品公然运输到墨西哥和中美洲的势头,迫使毒贩们转向别的运毒途径,比如利用虚假标签或藏匿等方式获取易制毒化学品。中国还是新精神活性物质(NPS)的重要生产国和出口国,这些 NPS 包括合成大麻脂(又称"K2"和"香料")和合成氨基苯基丙酮(有时被称为"浴盐"的兴奋剂)。"

我国《2014 年中国禁毒报告》显示,在庞大非法需求和暴利刺激

下，利用含麻黄碱复方制剂制毒问题虽然在境内已得到有效控制，但流失出境风险依然存在。麻黄草用于制毒愈加严重，化学合成麻黄碱问题凸显，2013 年，全国共缴获麻黄碱类制毒原料 34.4 吨，是 2012 年缴获量的 2.1 倍。境内制造氯胺酮活动愈演愈烈，制造氯胺酮的主要原料已从羟亚胺发展为邻酮。境外毒源地制毒原料配剂需求激增，非列管化学品流失风险明显加大。

受国际毒潮持续泛滥和国内多种因素的影响，当前和今后一个时期，我国将处于毒品问题加速蔓延期、毒品犯罪高发多发期和毒品治理集中攻坚期。当前，我国的吸毒人员基数庞大，而且呈增长趋势，庞大的毒品消费市场和增长的毒品消费需求催生了毒品犯罪。毒品犯罪隐蔽性很强，侦破难度较大，且成因复杂，禁毒工作是一项系统、艰巨、长期的社会管理工程。在坚持对毒品犯罪依法从严打击的同时，更要发动全社会的力量共同参与禁毒，着力消除滋生、诱发毒品犯罪的深层原因，构建惩防并举的全方位、多层次的禁毒防控体系。

第二节　毒品犯罪概述

在我国《刑法》第六章“妨害社会管理秩序”第七节第 347 条至第 355 条的 11 个条文中规定了 12 种毒品犯罪类型。鉴于毒品的社会危害性和毒品泛滥程度，对于毒品犯罪规定的处罚较为严厉，有数个罪名最高都可以判处死刑，显示出我国对于毒品危害的重视程度以及对毒品严加禁止的态度。

一、毒品犯罪的概念与种类

(一)毒品犯罪的概念

在国际上，“1988 公约”[1]第 3 条的规定，对毒品犯罪作了列举式

[1] 指 1988 年 12 月 19 日通过的《联合国禁止非法贩运麻醉药品和精神药物公约》。

的定义：毒品犯罪是违反"1961 年公约"[1]"经修正的 1961 年公约"[2]或"1971 年公约"[3]的各项规定，生产、制造、提炼、配制、提供、兜售、分销、出售、以任何条件交付、经纪、发送、出境发送、运输、进口或出口任何麻醉药品或精神药物；为进行上述任何活动而占有或购买任何麻醉药品或精神药物；为生产麻醉药品而种植罂粟、古柯或大麻植物；明知其用途或目的是非法种植，生产或制造麻醉药品或精神药物而制造、运输或分销设备、材料或该公约附件中表一和表二所列物质；组织、管理或资助上述所列任何犯罪；明知财产得自上列任何犯罪或参与此种犯罪的行为，为了隐瞒或掩饰该财产的非法来源，或为了协助任何涉及此种犯罪的人逃避其行为的法律后果而转换或转让该财产，或者隐瞒或掩饰该财产的真实性质、来源、所在地、处置、转移相关的权利或所有权……所有涉及毒品的犯罪都是"毒品犯罪"。

而在我国，毒品犯罪，就是指《刑法》第六章第七节的 11 个条文所概括的 12 种犯罪类型。但是，然而对于盗窃、抢劫毒品，虽然毒品是犯罪行为的对象，但在这些犯罪中，毒品是作为有价值的物存在的，并不具备毒品本身所能包括的任何功能，所以就不能认定为"毒品犯罪"。同时，对于毒品的衍生犯罪，例如对于毒资来源的掩饰，可以构成洗钱罪。虽然洗钱行为客观上促成了毒品犯罪行为的完成，并且也可能成为毒品犯罪的动机来源，但并非涉及毒品本身，因此也不能称为"毒品犯罪"。

迄今为止学术界也未能对"毒品犯罪"作出较为明确的定义。一般而言，毒品犯罪是指违反麻醉药品、精神药品管理法规，非法走私、贩卖、运输、制造毒品以及非法走私、贩卖、运输、制造毒品直接相关的破坏国家禁毒活动的行为。从犯罪学上看，毒品犯罪具有交易性、牟利性、有组织性、跨国性、地域性等特征；从刑法学意义上看，毒品犯罪

---

〔1〕 指《1961 年麻醉品单一公约》。

〔2〕 指经《修正 1961 年麻醉品单一公约的 1972 年议定书》修正的《1961 年麻醉品单一公约》。

〔3〕 指 1971 年精神药物公约。

是重罪,是行为犯、数额犯,毒品犯罪与其他犯罪大多具有牵连性等等。毒品犯罪就其社会危害性而言,除了毒品的固有属性而有别于其他犯罪外,在广度上和深度上也远不是其他犯罪所能比拟的。毒品犯罪作为一种国际犯罪,在刑事违法性上有特殊之处:国内法不再是认定其具有刑事违法性的唯一根据,毒品犯罪受到国内刑法和国际刑法的双重制约。从应受惩罚性来看,任何形式的犯罪都不像毒品犯罪那样,更多地将医疗善后处理、教育、康复、回归社会等社会恢复措施作为刑罚的替代性措施而付诸实践。

近几年我国毒品问题处于加速蔓延期、毒品犯罪高发多发期、毒品治理集中攻坚期,毒品犯罪始终在高位运行。毒品犯罪本质上是一种以追求高额利润为目的的特种经济犯罪。国内平均毒品价格与云南及成都等邻近种植地区价格存在着几倍甚至十几倍的交易价格差,例如,在云南紧邻金三角的边境一带,质量最好的麻古,每粒价格在9元左右。而麻古的批发价格每粒在35元左右,零售价格在60元左右,甚至质量好的能卖到每粒80元,暴利是毒品犯罪的重要诱因。

(二)毒品犯罪的种类

根据毒品犯罪的行为表现和毒品的所处环节,可以将这12种毒品犯罪行为进行分类归纳。

1. 以毒品犯罪行为的外在表现为依据。我们可以将毒品犯罪分为交易牟利型、持有型、直接妨害禁毒活动型和帮助促进毒品消费型四种。

2. 以毒品所处的时间环节为依据。毒品具有一般商品类型的性质,也有从生产到流通再到消费的过程,以毒品所处的具体环节为依据,可以将毒品犯罪分为生产型、流通型、消费型和辅助型等类型。

(1)生产型毒品犯罪【核心环节】主要包括以下罪名:

制造毒品罪(第347条)

非法种植毒品原植物罪(第351条)

(2)流通型毒品犯罪【铁路毒品犯罪】主要包括以下罪名:

走私、贩卖、运输毒品罪(第347条)

非法持有毒品罪(第 348 条)

非法生产、买卖、运输、走私制毒物品罪(第 350 条,《刑九》修改)

非法买卖、运输、携带毒品原植物种子、幼苗罪(第 352 条)

非法持有毒品原植物种子、幼苗罪(第 352 条)

(3)消费型毒品犯罪主要包括以下罪名:

引诱、教唆、欺骗他人吸毒罪(第 353 条)

强迫他人吸毒罪(第 353 条)

容留他人吸毒罪(第 354 条)

非法提供麻醉药品、精神药品罪(第 355 条)

(4)辅助型毒品犯罪主要包括以下罪名:

包庇毒品犯罪分子罪(第 349 条)

窝藏、转移、隐瞒毒品、毒赃罪(第 349 条)

生产型毒品犯罪是毒品犯罪的核心阶段。流通型毒品犯罪通常发生在生产型毒品犯罪之后,是介于生产和消费之间的时空阶段,这一环节包括走私、运输、买卖毒品的行为。消费型毒品犯罪处于毒品传播的终端,其作用是扩大了吸毒人群,破坏了社会的良善秩序;辅助型毒品犯罪实际上并非某一个特定时间环节的毒品犯罪类型。

需要注意的是,单纯的具有完全行为能力的人吸食毒品,并不是刑法所要评价的行为,从社会可容忍性、法律效果以及立法传统考虑,吸毒行为虽然在现代社会是否应该入刑存在争议,但是仍只有诸如日本等少数国家将吸毒行为规定为犯罪。因此,消费型的毒品犯罪,并不是指自主决定的毒品消费行为,而是对毒品的消费市场进行人为扩大,引诱、教唆或欺骗他人吸毒的行为。这一类毒品犯罪包括引诱、教唆、欺骗他人吸毒以及强迫、容留他人吸毒的行为等。在上述四个环节中的任意一个环节中都有可能出现辅助型的毒品犯罪,因此其实质上是为毒品的生产、流通和消费创造辅助条件,提供毒品犯罪的资本或渠道,将毒品犯罪的收益合法化,从而扩大毒品犯罪的规模或者使毒品的生产、流通和消费顺利进行。这一类毒品犯罪包括了非法持有毒品的行为,包庇毒品犯罪分子的行为、窝藏毒品毒赃以及掩饰、隐瞒毒品毒赃的行为。

通过上述分类,我们可以看出,毒品犯罪是妨害社会管理秩序的犯罪,其犯罪的行为围绕着毒品的生产、流通和消费。从形态上看,毒品犯罪大多是牟利型的犯罪,其行为依赖于毒品的滥用特性。在文化多元及吸毒者生理和精神依赖的双重作用下,毒品犯罪比较泛滥,是刑法的重点打击对象之一。

二、毒品犯罪的特点

毒品犯罪的特点包括的内容较为复杂。一方面是毒品犯罪与其他犯罪类型相区别,因为毒品犯罪从犯罪的起因、目的、行为外观、行为手段到犯罪人的群体、主观目的都有其独特的表现。在这一方面,从犯罪学层面到刑法学层面,乃至侦查学层面,都有不同的归纳。另一方面,从宏观上看,毒品犯罪受国际政治、经济和国内刑事政策、立法等因素的影响,在不同特定的历史时期有不同的表现,因此在现有的研究中,大多数文献实际上是用“现状”来表达我国毒品犯罪所呈现的特点。需要注意的是,我们应当把毒品犯罪的特点限于毒品犯罪自身的特殊属性,而非毒品犯罪在某一个时段出现的特有现象。

从刑法学意义上看,任何犯罪都具有客体、客观方面、主体和主观方面四个要件,我们区分罪与非罪、此罪与彼罪都是依靠犯罪构成要件的区别来进行的,毒品犯罪当然也不例外。正是因为构成要件上的差别,造成了毒品犯罪的特殊性质。

(一)毒品犯罪的主体

一般而言,毒品犯罪的主体是一般主体,即具有刑事责任能力的自然人,但是在个别毒品犯罪中是特殊主体。毒品犯罪的主体在犯罪学和刑法学意义上具有不同的特征:

1.刑法学意义上的特征

刑法学意义上的毒品犯罪主体大多为一般主体。只有贩卖毒品罪，将刑事责任年龄扩大到已满14周岁不满16周岁的自然人，显示出我国对于贩卖毒品罪较为严厉的态度。毒品犯罪个别是特殊主体，例如非法提供麻醉药品和精神药品罪，只有依法从事生产、运输、管理、使用国家管制的麻醉药品和精神药品的人是适格主体，其他人仅可能构成共犯。有些毒品犯罪的主体，既可以是自然人，也可以是单位，例如走私、贩卖、运输、制造毒品罪。

2. 犯罪学意义上的特征

毒品犯罪主体从职业上看，涉及所有的社会阶层。由于较为严重的毒品犯罪主要是牟利型的，所以涉及较多的城乡无业、失业和半失业阶层。从年龄结构上看，中青年占多数；从性别结构上看，男性占多数。

3. 犯罪主体形态上的特征

由于毒品犯罪惩罚严厉，犯罪成本和风险较大，因此毒品犯罪往往呈现网络化和规模化的特点，在司法实践中，毒品犯罪集团和毒品犯罪团伙是毒品犯罪主体的主要形态。毒品犯罪人为了减少风险，提高毒品犯罪效率，经常形成犯罪团伙，或者与境外勾结，形成“产、供、销、藏”的毒品犯罪网络。在网络形态上，由亲属和家族组成的犯罪团伙近年来较多，其隐蔽性、牢固性更强。

（二）毒品犯罪的客体和对象

毒品犯罪的客体是复杂客体，从其在刑法中的地位来看，毒品犯罪主要妨害了社会管理秩序。同时，毒品犯罪也对人民的生命、财产、健康以及良好的社会风气，乃至国家对于药品的管理制度带来了侵害。对于毒品犯罪的对象，是在犯罪客体之下，具体指向的人或者物。一般而言，毒品犯罪的对象包括三类：一是毒品、毒品原植物以及未经灭活的种子、幼苗和制毒物品；二是毒品犯罪所得的财物；三是毒品犯罪分子和作为任意自然人的他人。具体从以下两点理解毒品犯罪对象：

1. 毒品犯罪对象的特殊形式。一般刑事案件，犯罪的对象主要表现为被害人或者赃物或者至少有明确的被害人。然而毒品犯罪案件一般没有直接被害人，大多数毒品犯罪案件以非法交易毒品为主要表现,即使是引诱、教唆、欺骗他人吸食毒品,也没有明显的被害特征。因此,毒品犯罪的对象都是国家规定的管制物品,这是毒品犯罪与其他犯罪的重要区别。

2. 毒品犯罪对象的特殊作用。与其他的刑事案件相比,毒品犯罪没有严格意义上的现场,也没有直接被害人,即使有交易的场所,也是较为隐秘且转瞬即逝,很难固定,毒品犯罪案件的证据较难搜集。因此,毒品、易制毒化学品等毒品犯罪的对象就成为了毒品犯罪案件最重要的证据。在毒品犯罪案件的侦查中,没有毒品作为证据,几乎就没有其他的手段作为定案的依据。同时,根据犯罪对象的认识不同,可以判断犯罪人的行为性质,例如毒品案件中的“明知”是主观要素。只有犯罪人明知或者被推定明知其犯罪的对象是毒品的时候,才能以毒品犯罪定罪处罚;如果对犯罪对象不明知是毒品,那么就不能构成相应的毒品犯罪。如盗窃、抢夺、抢劫毒品的,应当分别以盗窃罪、抢夺罪或者抢劫罪定罪,但不计犯罪数额,根据情节轻重予以定罪量刑。但盗窃、抢夺、抢劫毒品后又实施其他毒品犯罪的,对盗窃罪、抢夺罪、抢劫罪和所犯的具体毒品犯罪分别定罪,依法数罪并罚。

(三)毒品犯罪的行为

行为是主客观相统一的概念,是犯罪人在意志支配下实施的符合刑法所规定的身体活动。毒品犯罪的行为与其他犯罪一样,可以分为主观方面的心理状态和客观方面的表现形式。

1. 主观心理状态。毒品犯罪的主观方面都是故意且该“故意”应当具有特殊性。与之相对应的是刑法上对于主观方面“明知”的要求。行为人需要明确认识到犯罪的对象是毒品,还支配自主意识去完成犯罪行为,此时才应受到刑罚的处罚。而毒品犯罪的动机和目的,一般都是为了牟取非法利益,具有单一性。

2. 客观表现形式。毒品犯罪的手段多样,但一般表现为“精心策划的预备阶段、隐蔽危险的实施阶段和处置毒赃隐匿逃窜的后续阶段”。在这一过程中,一般都会形成分工明确的犯罪团伙,在不同的阶段都有明确的犯罪手段。因此,毒品犯罪的外在表现形式较为复杂。

除此之外,毒品犯罪往往还表现出时限性和空间性,例如在毒源地毒品成熟的季节,走私、贩卖毒品的案件会呈现出大规模上升的趋势;例如在临近毒源地的省份,毒品犯罪活动一般较为猖獗,等等。

（四）毒品犯罪的主观方面

毒品犯罪都是故意犯罪,判断被告人对涉案毒品是否明知,不能仅凭被告人供述,而应当依据被告人实施毒品犯罪行为的过程、方式、毒品被查获时的情形等证据,结合被告人的年龄、阅历、智力等情况,进行综合分析判断。2012 年 5 月,最高人民检察院和公安部联合发布《最高人民检察院公安部关于公安机关管辖的刑事案件立案追诉标准的规定(三)》指出,贩卖毒品罪、运输毒品罪、非法持有毒品罪中主观故意中的“明知”,是指行为人知道或者应当知道所实施的是贩卖、运输、非法持有毒品行为。具有下列情形之一,结合行为人的供述和其他证据综合审查判断,可以认定其“应当知道”,但有证据证明确属被蒙骗的除外:

1. 执法人员在口岸、机场、车站、港口、邮局和其他检查站点检查时,要求行为人申报携带、运输、寄递的物品和其他疑似毒品物,并告知其法律责任,而行为人未如实申报,在其携带、运输、寄递的物品中查获毒品的;

2. 以伪报、藏匿、伪装等蒙蔽手段逃避海关、边防等检查,在其携带、运输、寄递的物品中查获毒品的;

3. 执法人员检查时,有逃跑、丢弃携带物品或者逃避、抗拒检查等行为,在其携带、藏匿或者丢弃的物品中查获毒品的;

4. 体内或者贴身隐秘处藏匿毒品的;

5. 为获取不同寻常的高额或者不等值的报酬为他人携带、运输、寄递、收取物品,从中查获毒品的;

6. 采用高度隐蔽的方式携带、运输物品,从中查获毒品的;

7. 采用高度隐蔽的方式交接物品,明显违背合法物品惯常交接方

式,从中查获毒品的;

8. 行程路线故意绕开检查站点,在其携带、运输的物品中查获毒品的;

9. 以虚假身份、地址或者其他虚假方式办理托运、寄递手续,在托运、寄递的物品中查获毒品的;

10. 有其他证据足以证明行为人应当知道的。

三、毒品犯罪的认定

随着我国毒品犯罪形势的发展变化,实践中出现了较多新的毒品犯罪法律适用问题,2008 年最高人民法院印发的《全国部分法院审理毒品犯罪案件工作座谈会纪要》(以下简称《大连会议纪要》),2015 年《全国法院毒品犯罪审判工作座谈会纪要》(以下简称《武汉会议纪要》),2016 年 4 月 11 日起施行的《最高人民法院关于审理毒品案件定罪量刑标准有关问题的解释》(以下简称《解释》)对审判实践中反映较为突出,规定不尽完善的若干毒品犯罪法律适用问题作出了规范。

(一)毒品的纯度和数量认定问题

办理毒品犯罪案件,无论毒品纯度高低,一般均应将查证属实的毒品数量认定为毒品犯罪的数量,并据此确定适用的法定刑幅度,但司法解释另有规定或者为了隐蔽运输而临时改变毒品常规形态的除外。涉案毒品纯度明显低于同类毒品的正常纯度的,量刑时可以酌情考虑。

1. 一案涉及两种以上毒品的数量认定

对不同种类毒品进行数量折算有利于准确认定涉案毒品数量,科学量刑,特别是折算后达到非法持有毒品罪的定罪标准或者达到更高量刑幅度时,有利于依法从严惩处毒品犯罪。海洛因是刑法明确规定了定罪量刑数量标准的常见毒品,《非法药物折算表》也以海洛因为折算参照物,因为对海洛因的毒性研究相对成熟,故将其作为折算对象。由于《刑法》对不同种类毒品的数量折算没有明确规定,故折算结果不体现在裁判文书中。

2. 未查获实物的混合型毒品的数量认定

实践中被告人对于未查获实物的甲基苯丙胺片剂(俗称“麻古”)、MDMA片剂(俗称“摇头丸”)等混合型毒品,通常按照供述的粒数定罪,但量刑时考虑的是涉案毒品的实际重量。在未查获实物的情况下,根据在案证据证明的混合型毒品的粒数,参考本案或者本地区查获的同类毒品的平均数量计算出毒品数量,以便于司法操作。但由于这种计算方法是为了方便量刑而采用的一种特殊认定方法,所以裁判文书中原则上只表述根据在案证据认定的毒品粒数。确有必要时,可以考虑括号注明据此计算出的毒品约重。

3. 制造毒品件中的数量认定

已经制造出粗制毒品或者半成品的,以制造毒品罪的既遂论处。

(1)制造毒品案件中,毒品成品、半成品的数量应当全部认定为制造毒品的数量。

(2)对于无法再加工出成品、半成品的废液、废料则不应计入制造毒品的数量。对于废液、废料的认定,可以根据毒品成分的含量、外观形态,结合被告人对制毒过程的供述等证据进行分析判断,必要时可以要求鉴定机构出具说明。[废液废料是指不具备进一步提取(提纯)毒品条件的固体或者液体废弃物,能够检出毒品成分但含量极低。]

4. 新类型、混合型毒品犯罪的死刑适用

(1)麻古的死刑适用数量标准可以按照冰毒的2~3倍掌握。甲基苯丙胺片剂(俗称“麻古”等)是以甲基苯丙胺为主要毒品成分的混合型毒品,其甲基苯丙胺含量相对较低,危害性亦有所降低。为体现罚当其罪,甲基苯丙胺片剂的死刑数量标准可以按照甲基苯丙胺(冰毒)的2~3倍掌握,具体可以根据当地的犯罪形势和毒品含量等因素确定。

(2)氯胺酮的死刑适用标准可以按照海洛因的10倍掌握。涉案毒品为氯胺酮的,结合毒品数量、犯罪性质、情节及危害后果等因素,对符合死刑适用条件的可以依法判处死刑。综合考虑氯胺酮的致瘾癖性、滥用范围和危害性等因素,其死刑数量标准一般可以按照海洛因的10倍掌握。

(3)涉案毒品为其他滥用范围和危害性相对较小的新类型、混合型毒品的,一般不宜判处死刑。但对于司法解释、规范性文件明确规定了定罪量刑数量标准,且涉案毒品数量特别巨大、社会危害性较大,不判处死刑难以体现罚当其罪的,必要时可以判处死刑。对于司法解释、规范性文件尚未规定定罪量刑数量标准的新类型、混合型毒品,即使按照《非法药物折算表》折算为海洛因后超过实际掌握的死刑数量标准的,也不得判处死刑。

(二)毒品犯罪的共同犯罪的认定

毒品犯罪中,部分共同犯罪人未到案,如现有证据能够认定已到案被告人为共同犯罪,或者能够认定为主犯或者从犯的,应当依法认定。没有实施毒品犯罪的共同故意,仅在客观上为相互关联的毒品犯罪上下家,不构成共同犯罪,但为了诉讼便利可并案审理。

1. 审理毒品共同犯罪案件应当注意以下几个方面的问题

(1)正确区分主犯和从犯。在毒品共同犯罪中,为主出资者、毒品所有者或者起意、策划、纠集、组织、雇佣、指使他人参与犯罪以及其他起主要作用的是主犯;起次要或者辅助作用的是从犯。受雇佣、受指使实施毒品犯罪的,应根据其在犯罪中实际发挥的作用具体认定为主犯或者从犯。对于确有证据证明在共同犯罪中起次要或者辅助作用的,不能因为其他共同犯罪人未到案而不认定为从犯,甚至将其认定为主犯或者按主犯处罚。只要认定为从犯,无论主犯是否到案,均应依照刑法关于从犯的规定从轻、减轻或者免除处罚。

(2)正确认定共同犯罪案件中主犯和从犯的毒品犯罪数量。对于毒品犯罪集团的首要分子,应按集团毒品犯罪的总数量处罚;对一般共同犯罪的主犯,应按其所参与的或者组织、指挥的毒品犯罪数量处罚;对于从犯,应当按照其所参与的毒品犯罪的数量处罚。

(3)根据行为人在共同犯罪中的作用和罪责大小确定刑罚。不同案件不能简单类比,一个案件的从犯参与犯罪的毒品数量可能比另一案件的主犯参与犯罪的毒品数量大,但对这一案件从犯的处罚不是必然重于另一案件的主犯。

共同犯罪中能分清主从犯的,不能因为涉案的毒品数量特别巨大,就不分主从犯而一律将被告人认定为主犯或者实际上都按主犯处罚,一律判处重刑甚至死刑。

2. 毒品共同犯罪的死刑适用

(1)毒品共同犯罪案件一般只对其中罪责最大的一名主犯判处死刑。毒品共同犯罪案件的刑罚适用应当与该案的毒品数量、社会危害及被告人的犯罪情节、主观恶性、人身危险性相适应,确保死刑只适用于其中极少数罪行最为严重的犯罪分子。涉案毒品数量超过实际掌握的死刑数量标准,依法应当适用死刑的,一般只对其中罪责最大的一名主犯判处死刑。

(2)涉案毒品数量刚超过实际掌握的死刑数量标准,也可不判处被告人死刑。涉案毒品数量刚超过实际掌握的死刑数量标准,各共同犯罪人作用相当,或者罪责大小难以区分的,可以不判处被告人死刑。

(3)两名主犯的罪责均很突出,且均具有法定从重处罚情节的,也不必然同时判处两人死刑。也要尽可能比较其主观恶性、人身危险性方面的差异,判处两人死刑要特别慎重。

(4)可以判处两名主犯死刑的情形主要为:涉案毒品数量达到巨大以上,两名主犯的罪责均很突出且地位作用基本相当,或者罪责略次的主犯具有法定从重处罚情节,判处两人死刑符合罪刑相适应原则,并有利于全案量刑平衡的,可以判处两人死刑。

(5)对于部分共同犯罪人未到案的案件,对于在案人员能否判处死刑,应当区分以下三种情况:

第一,如果在案被告人与未到案共同犯罪人均属罪行极其严重,即使共同犯罪人到案也不影响对在案被告人适用死刑的,可以依法判处在案被告人死刑;

第二,如果在案被告人的罪行不足以判处死刑,或者共同犯罪人

归案后全案只宜判处其一人死刑的,不能因为共同犯罪人未到案而对在案的被告人适用死刑;

第三,在案被告人与未到案共同犯罪人的罪责大小难以准确认定,特别是不能排除未到案共同犯罪人的罪责更大的,不应对在案被告人判处死刑。

(三)网络涉毒犯罪的定性

随着信息网络的普及应用,网络涉毒犯罪呈快速蔓延之势,主要表现为利用网络传播制毒技术、买卖制毒物品、贩卖毒品和组织吸毒等形式。2015 年,中宣部、最高人民法院、最高人民检察院、公安部等九部门联合发布了《关于加强互联网禁毒工作的意见》和《中国互联网禁毒公约》,并在《武汉会议纪要》中对网络涉毒犯罪的法律适用问题作了相关规定。

《刑法修正案(九)》在刑法第 287 条之后增加了两条,作为之一、之二,对利用信息网络实施的犯罪作出了规定。《最高人民法院关于审理毒品犯罪案件适用法律若干问题的解释》根据《刑法修正案(九)》的上述新增条款,结合网络涉毒犯罪的各种表现形式,规定"利用信息网络,设立用于实施传授制造毒品、非法生产制毒物品的方法,贩卖毒品,非法买卖制毒物品或者组织他人吸食、注射毒品等违法犯罪活动的网站、通讯群组,或者发布实施前述违法犯罪活动的信息,情节严重的,应当依照《刑法》第 287 条之一的规定,以非法利用信息网络罪定罪处罚"。

实施《刑法》第 287 条之一、第 287 条之二规定的行为,同时构成贩卖毒品罪、非法买卖制毒物品罪、传授犯罪方法罪等犯罪的,依照处罚较重的规定定罪处罚。

(四)毒品案件的立功

共同犯罪中同案犯的基本情况,包括同案犯姓名、住址、体貌特征、联络方式等信息,属于被告人应当供述的范围。

1. 公安机关根据被告人供述抓获同案犯的,不应认定其有立功表现。

2. 被告人在公安机关抓获同案犯过程中确实起到协助作用的，例如，经被告人现场指认、辨认抓获了同案犯；被告人带领公安人员抓获了同案犯；被告人提供了不为有关机关掌握或者有关机关按照正常工作程序无法掌握的同案犯藏匿的线索，有关机关据此抓获了同案犯；被告人交代了与同案犯的联系方式，又按要求与对方联络，积极协助公安机关抓获了同案犯等，属于协助司法机关抓获同案犯，应认定为立功。

3. 被告人亲属为了使被告人得到从轻处罚，检举、揭发他人犯罪或者协助司法机关抓捕其他犯罪人的，不能视为被告人立功。

4. 同监犯将本人或者他人尚未被司法机关掌握的犯罪事实告知被告人，由被告人检举揭发的，如经查证属实，虽可认定被告人立功，但是否从宽处罚、从宽幅度大小，应与通常的立功有所区别。

5. 通过非法手段或者非法途径获取他人犯罪信息，如从国家工作人员处贿买他人犯罪信息，通过律师、看守人员等非法途径获取他人犯罪信息，由被告人检举揭发的，不能认定为立功，也不能作为酌情从轻处罚情节。

（五）累犯、毒品再犯的适用

1. 累犯、毒品再犯的刑法规定

根据《刑法》第 65 条规定，一般累犯是指被判处有期徒刑以上刑罚的犯罪分子，刑罚执行完毕或者赦免以后，在五年以内再犯应当判处有期徒刑以上刑罚之罪的，是累犯，应当从重处罚，但是过失犯罪和不满十八周岁的人犯罪的除外；根据《刑法》第 356 条规定，毒品再犯是指只要因走私、贩卖、运输、制造、非法持有毒品罪被判过刑，不论是在刑罚执行完毕后，还是在缓刑、假释或者暂予监外执行期间，又犯刑法分则第六章第七节规定的犯罪的，都是毒品再犯，应当从重处罚。

2.《武汉会议纪要》对此进一步细化

（1）对累犯、毒品再犯应当从严惩处。累犯、毒品再犯是法定从重处罚情节，即使本次毒品犯罪情节较轻，也要体现从严惩处的精神。

(2)明确了应当从重处罚的三种情形。具体包括:

第一,曾因实施严重暴力犯罪被判刑的累犯;

第二,刑满释放后短期内又实施毒品犯罪的再犯;

第三,在缓刑、假释、暂予监外执行期间又实施毒品犯罪的再犯。

(3)明确了同时构成累犯和毒品再犯的量刑原则。对于因同一毒品犯罪前科同时构成累犯和毒品再犯的被告人,在裁判文书中应当同时引用刑法关于累犯和毒品再犯的条款,但在量刑时不得重复予以从重处罚。对于因不同犯罪前科同时构成累犯和毒品再犯的被告人,量刑时的从重处罚幅度一般应大于前述情形。

(六)毒品犯罪的减刑、假释

对于具有毒枭、职业毒犯、累犯、毒品再犯等情节的毒品罪犯,应当从严掌握减刑条件,适当延长减刑起始时间、间隔时间,严格控制减刑幅度,延长实际执行刑期。对于刑法未禁止假释的前述毒品罪犯,应当严格掌握假释条件。

(七)毒品犯罪的缓刑适用

根据《刑法》第72条的规定,缓刑适用的基本条件包括:(1)被判处拘役、3年以下有期徒刑;(2)犯罪情节较轻;(3)有悔罪表现;(4)没有再犯罪的危险;(5)宣告缓刑对所居住社区没有重大不良影响。根据毒品犯罪的再犯可能性较高这一特点,对于毒品犯罪应当从严掌握缓刑适用条件,所以对于毒品再犯原则上就不应适用缓刑具体表现为:

1. 对于毒品犯罪应当从严掌握缓刑适用条件。

2. 对于毒品再犯,一般不得适用缓刑。

3. 明确了三种应当严格限制缓刑适用的情形。包括:

(1)对于不能排除多次贩毒嫌疑的零包贩毒被告人;

(2)因认定贩卖毒品等犯罪的证据不足而认定为非法持有毒品罪的被告人;

(3)实施引诱、教唆、欺骗他人吸毒犯罪及制毒物品犯罪的被告人。

(八)毒品犯罪的财产刑适用

办理毒品犯罪案件,应当依法追缴犯罪分子的违法所得,充分发挥财产刑的作用，切实加大对犯罪分子的经济制裁力度。对查封、扣押、冻结的涉案财物及其孳息，经查确属违法所得或者依法应当追缴的其他涉案财物的，如购毒款、供犯罪所用的本人财物、毒品犯罪所得的财物及其收益等，应当判决没收，但法律另有规定的除外。判处罚金刑时，应当结合毒品犯罪的性质、情节、危害后果及被告人的获利情况、经济状况等因素合理确定罚金数额。对于决定并处没收财产的毒品犯罪，判处被告人有期徒刑的，应当按照上述确定罚金数额的原则确定没收个人部分财产的数额；判处无期徒刑的，可以并处没收个人全部财产；判处死缓或者死刑的，应当并处没收个人全部财产。

四、毒品犯罪的处罚适用原则

毒品犯罪是重罪，毒品犯罪的刑罚跨度较大，从管制到死刑，几乎所有的刑种都有涉及；同时由于毒品犯罪从严格意义上讲是经济犯罪，因此大部分毒品犯罪的刑罚都设置了罚金刑。

（一）从严处罚原则

1. 刑法对毒品犯罪中危害最重的走私、贩卖、运输、制造毒品罪构成犯罪的具体数量标准给以明文规定："走私、贩卖、运输、制造毒品，无论数量多少，都应当追究刑事责任，予以刑事处罚。"这就从构成犯罪的具体数量标准上对犯罪分子起到了震慑作用，给司法机关认定这种犯罪提供了法定标准。

2. 毒品犯罪的死刑适用严格。近年来我国在死刑案件中毒品犯罪所占的位置是不断前移的。在 2014 年其已经达到了第 3 位，仅次于故意杀人和抢劫罪，至 2015 年毒品犯罪判处死刑的数量已经超过抢劫罪，上升到第 2 位。

3. 刑法对毒品数量的计算，以查证属实的数量为标准，不以纯度折算。

（二）注重经济处罚原则

1. 刑法对毒品犯罪广泛使用财产附加刑。

2. 刑法规定,无论毒品犯罪情节和所具体适用的量刑幅度如何,除了包庇毒品犯罪分子罪以外,都应当适用财产刑。

(三) 区别对待原则

1. 细化了各种毒品犯罪的法定刑。

2. 确定了毒品犯罪的法定从重处罚情节和从宽处罚情节。

第三节　铁路常见毒品犯罪

铁路作为国民经济大动脉、国家战略基础设施和大众化交通工具,在经济社会发展和国计民生中具有不可替代的重要作用。同时,我国陆地与多个国家、地区相邻,铁路辐射欧亚大陆,其在地缘政治、国家安全和国际事务中的地位作用日益突出。据不完全统计,铁路年均客货周转量分别占全国客货周转总量的 36% 和 55% 左右,日均发送旅客 500 万人以上,运输货物 1000 万吨以上。根据我国《"十二五"综合交通运输体系规划》,截至 2015 年我国铁路运营里程将由现在的 9.1 万公里增至 12 万公里,高速铁路由 0.7 万公里增至 1.8 万公里,基本建成国家快速铁路网,主要技术装备达到国际先进水平。以"四纵四横"为主干的既有线路和客运专线,将形成新的国家路网框架,覆盖全国所有 20 万以上人口城市,11 条已有和新建国际铁路,将辐射整个欧亚大陆。可以说,确保铁路运输安全,事关经济社会发展和国家战略安全,事关社会和谐稳定和群众切身利益。由于列车具有方便、快捷、人流量相对集中且便于隐藏等特点,毒贩一直把通过铁路贩运毒品视为"理想通道"。涉毒嫌疑人在证据面前,一般交代都是供自己吸食或者是帮助他人代为购买、运输,因为法律规定自己吸食或帮他人购买处罚轻。而公安机关目前掌握的毒品犯罪中的吸毒标准仅是被告人的尿检,为涉毒人员规避法律较重处罚提供了可乘之机。

毒品案件的犯罪链比较长,从制造、运输、贩卖到非法持有,各个环节都可以单独成立犯罪。旅客列车上的毒品犯罪通常处于犯罪链的中间环节,从司法实践来看,以运输毒品和贩卖毒品定罪量刑的居多,也有以非法持有毒品判处刑罚的案例。无论是以运输毒品、贩卖毒品还是以非法持有毒品罪论处,都取决于证据的取得情况。一般而言,贩卖毒品罪的证据要求高于运输毒品罪,运输毒品罪的证据要求高于非法持有毒品罪。列车上查获的毒品案件,如果毒品数量较大,按照《武汉会议纪要》规定,在没有贩卖毒品证据的情况下,应该定运输毒品罪。

旅客列车上查获的毒品案件,主要有体内藏毒、贴身带毒和随身物品带毒三大类。体内藏毒的犯罪嫌疑人基本上都是毒品犯罪集团雇佣的"马仔",处于犯罪链的底端。贴身带毒的犯罪嫌疑人很大一部分也是"马仔",但也有一部分是单独作案。利用随身物品带毒的情况比较复杂,往往存在着人货分离的问题,如果犯罪嫌疑人不承认带毒,调查取证的难度大,是办理毒品案件的一个难点。

一、贩卖毒品罪

贩卖毒品罪指明知是毒品而非法销售或者以贩卖为目的而非法收买的行为。《刑法》第 347 条规定:走私、贩卖、运输、制造毒品,无论数量多少,都应当追究刑事责任,予以刑事处罚。

走私、贩卖、运输、制造毒品,有下列情形之一的,处 15 年有期徒刑、无期徒刑或者死刑,并处没收财产:

1. 走私、贩卖、运输、制造鸦片 1 千克以上、海洛因或者甲基苯丙胺 50 克以上或者其他毒品数量大的。

2. 走私、贩卖、运输、制造毒品集团的首要分子。

3. 武装掩护走私、贩卖、运输、制造毒品的:指在实施走私、贩卖、运输、制造毒品犯罪的过程中,携带枪支、弹药或者爆炸物用于掩护的。枪支、弹药、爆炸物种类的认定,依照相关司法解释的规定执行。

4. 以暴力抗拒检查、拘留、逮捕,情节严重的:指在实施走私、贩卖、运输、制造毒品犯罪的过程中,以暴力抗拒检查、拘留、逮捕,造成执法人员多人轻伤、重伤、死亡或者具有其他严重情节的。

5. 参与有组织的国际贩毒活动的。

走私、贩卖、运输、制造鸦片200克以上不满1千克、海洛因或者甲基苯丙胺10克以上不满50克或者其他毒品数量较大的，处7年以上有期徒刑，并处罚金。

走私、贩卖、运输、制造鸦片不满200克、海洛因或者甲基苯丙胺不满10克或者其他少量毒品的，处3年以下有期徒刑、拘役或者管制，并处罚金；情节严重的，处3年以上7年以下有期徒刑，并处罚金。“情节严重”是指：(1)向多人贩卖毒品或者多次走私、贩卖、运输、制造毒品的；(2)在戒毒场所、监管场所贩卖毒品的；(3)向在校学生贩卖毒品的；(4)组织、利用残疾人、严重疾病患者、怀孕或者正在哺乳自己婴儿的妇女走私、贩卖、运输、制造毒品的；(5)国家工作人员走私、贩卖、运输、制造毒品的；(6)其他情节严重的情形。

利用、教唆未成年人走私、贩卖、运输、制造毒品，或者向未成年人出售毒品的，从重处罚。

对多次走私、贩卖、运输、制造毒品，未经处理的，毒品数量累计计算。

在认定贩卖毒品罪时应注意：

(一)走私、贩卖、运输、制造毒品罪量刑

根据《最高人民法院关于常见犯罪的量刑指导意见》(2014)：

1. 构成走私、贩卖、运输、制造毒品罪的，可以根据下列情形在相应的幅度内确定量刑起点：(1)走私、贩卖、运输、制造鸦片1千克，海洛因、甲基苯丙胺50克或者其他毒品数量达到数量大起点的，量刑起点为15年有期徒刑。依法应当判处无期徒刑以上刑罚的除外。(2)走私、贩卖、运输、制造鸦片200克，海洛因、甲基苯丙胺10克或者其他毒品数量达到数量较大起点的，可以在7年至8年有期徒刑幅度内确定量刑起点。(3)走私、贩卖、运输、制造鸦片不满200克，海洛因、甲基苯丙胺不满10克或者其他少量毒品的，可以在3年以下有期徒刑、拘役幅度内确定量刑起点;情节严重的,可以在3年至4年有期徒刑幅度内确定量刑起点。

2. 在量刑起点的基础上,可以根据毒品犯罪次数、人次、毒品数量等其他影响犯罪构成的犯罪事实增加刑罚量,确定基准刑。

3. 有下列情节之一的,可以增加基准刑的10%~30%:(1)利用、教唆未成年人走私、贩卖、运输、制造毒品的;(2)向未成年人出售毒品的;(3)毒品再犯。

4. 有以下情节之一的可以减少基准刑的30%以下:(1)受雇佣运输毒品的;(2)毒品含量明显偏低的;(3)存在数量上引诱情形的。

(二)区分本罪与其他犯罪的界限

1. 行为人故意以非毒品冒充真毒品或者明知是假毒品而贩卖牟利的,应认定为诈骗罪,而非贩卖毒品罪。例如,甲明知是面粉,对乙谎称是海洛因,交付乙贩卖的,甲构成诈骗罪。

2. 行为人在生产、销售的食品中掺入微量毒品的,应视性质与情节,认定为生产、销售有毒、有害食品罪或欺骗他人吸毒罪,不认定为贩卖毒品罪。

3. 向他人贩卖毒品后又容留其吸食、注射毒品,或者容留他人吸食、注射毒品并向其贩卖毒品,符合容留他人吸毒罪的定罪条件的,以贩卖毒品罪和容留他人吸毒罪数罪并罚。

(三)关于变相加价贩卖毒品的认定

行为人为他人代购仅用于吸食的毒品,在交通、食宿等必要开销之外收取"介绍费""劳务费",或者以贩卖为目的收取部分毒品作为酬劳的,应视为从中牟利,属于变相加价贩卖毒品,以贩卖毒品罪定罪处罚。

需要注意的是,只有为他人代购仅用于吸食的毒品的,才需要根据是否从中牟利判断能否认定为贩卖毒品罪;如果明知托购者实施贩卖毒品犯罪而为其代购毒品的,无论是否牟利,均应以贩卖毒品罪的共犯论处;如果代购者从代购行为中牟利的,无论其为他人代购的毒品是否仅用于吸食,均构成贩卖毒品罪。没有证据证明购毒者是为了实施贩卖、运输毒品等其他犯罪的,毒品数量达到较大以上的,购毒者与代收者构成非法持有毒品罪的共犯;如果购毒者有其他犯罪行为的,则应当依法定罪处罚,不再对其认定为非法持有毒品罪。

(四)居间介绍买卖毒品的认定与处理

1. 关于居间介绍买卖毒品与居中倒卖毒品的区分

贩卖毒品案件中,一些犯罪分子为减轻罪责,往往辩称自己是居间介绍者,不是真正的购毒者或者贩毒者。由于居间介绍买卖毒品者与居中倒卖毒品者在罪责和量刑上存在差别,认定时要准确区分。居间介绍者不以牟利为要件,在毒品交易中处于中间人地位,发挥介绍联络作用,通常与交易一方构成共同犯罪,但不以牟利为要件。居中倒卖者属于毒品交易主体,与前后环节的交易对象是上下家关系,直接参与毒品交易并从中获利。

2. 关于居间介绍买卖毒品的共同犯罪认定

原则上,居间介绍者与哪一方交易主体存在犯罪共谋,并有更加积极、密切的联络交易行为,就认定其与哪一方构成共同犯罪。其中,受以吸食毒品为目的的购毒者委托为其介绍贩毒者的,不能因为其行为客观上促进了贩卖行为的进行而简单认定为贩毒者的共犯,一般仍要按照购毒者的行为性质认定。对于同时受贩毒者、购毒者双方委托为其联络、促成交易的,为了便于司法认定和处理,一般认定与贩毒者构成共同犯罪。但作为例外,如果居间介绍者与以贩卖为目的的购毒者关系更为紧密,且购毒者对促成毒品交易起更大作用的,可以认定居间介绍者与购毒者构成共同犯罪。

3. 关于居间介绍买卖毒品者的地位作用认定

居间介绍者不是毒品交易的一方主体,对促成交易起帮助作用,故一般应当认定为从犯。但个别以居间介绍者的身份介入毒品交易,但在交易中超出居间介绍者地位,对促成交易起重要、直接作用的被告人,可以认定为主犯。

(五)贩毒人员被抓获后,对于从其住所、车辆等处查获的毒品的性质认定

毒品犯罪隐蔽性强、取证难度大,而且实践中从贩毒人员住所等处查获的毒品多系用于贩卖。为严厉打击毒品犯罪、降低证明难度,采用事实推定的证明方法,即根据行为人贩卖毒品及从其住所等处查获毒品的事实,推定查获的毒品是用于贩卖。但根据推定原则,应当允许当事人提出反证。反证是指确有证据证明查获的毒品并非贩毒人员用于贩卖,包括其为他人保管用于吸食的毒品、为犯罪分子窝藏毒品、持有祖传、捡拾、用于治病的毒品等。贩毒人员对查获的毒品实施的行为另构成非法持有毒品罪、窝藏毒品罪等其他犯罪的,应当依法认定;贩毒人员的行为构成数罪的,依法数罪并罚。具体而言:

1. 行为人因贩卖毒品被人赃俱获,随后又从其住所等处查获毒品的;

2. 有其他证据证明行为人贩卖毒品,但没有查获实物,后从其住所等处查获毒品的;

3. 行为人因吸毒或其他违法犯罪行为被抓获后,查明其有贩毒行为,并从其住所等处查获毒品的。

(六)有吸毒情节的贩毒人员的贩毒数量认定

1. 对于有吸毒情节的贩毒人员,一般应当按其购买的毒品数量认定其贩卖数量,量刑时酌情考虑其吸食毒品的情节;

2. 购买的毒品数量无法查明的,按照能够证明的贩卖数量及查获的毒品数量认定其贩卖毒品的数量,确有证据证明其购买的部分毒品并非用于贩卖的,不应记入贩卖数量。

(七)非法贩卖麻醉药品、精神药品行为的定性问题

近年来,非法贩卖盐酸曲马多、安钠咖、美沙酮等麻精药品的案件不断出现,麻精药品具有双重属性,无论是通过合法销售渠道还是非法销售渠道流通,只要被患者正常使用发挥疗效作用的,就属于药品;只有脱离管制被吸毒人员滥用的,才属于毒品。《麻醉药品品种目录》

和《精神药品品种目录》中的麻精药品并不等同于毒品，也并非所有非法贩卖麻精药品的行为都应当被认定为贩卖毒品罪，而应根据贩卖对象作出区别，《武汉会议纪要》规定：

1. 对于向走私、贩卖毒品的犯罪分子或者吸食、注射毒品的人员进行贩卖的，应当以贩卖毒品罪定罪处罚。

2. 对于出于医疗目的，违反药品管理法的相关规定，向无资质的药品经营人员、私立医院、诊所、药店或者病人非法贩卖的，侵犯的是国家对药品的正常经营管理秩序，故不应认定为贩卖毒品罪。符合非法经营罪的定罪标准的，依法定罪处罚。需要说明的是，实践中有的被告人向不特定对象贩卖麻精药品，如果没有证据证明其是故意向走私、贩卖毒品的犯罪分子或者吸食、注射毒品的人员进行贩卖的，根据有利于被告人的原则，一般不宜认定为贩卖毒品罪。

（八）贩卖毒品上下家犯罪的死刑适用

1. 对于贩卖毒品案件中的上下家同时判处死刑应当慎重。要结合其贩毒数量、次数及对象范围，犯罪的主动性，对促成交易所发挥的作用等因素，综合考虑其主观恶性和人身危险性，慎重、稳妥地决定死刑适用。

2. 对于买卖同宗毒品的上下家，涉案毒品数量刚超过实际掌握的死刑数量标准的，一般不能同时判处死刑。

3. 不宜判处下家死刑的情形：如果上家主动联络销售毒品，积极促成毒品交易，而下家购入毒品尚未售出的，一般不宜判处下家死刑。

4. 不宜判处上家死刑的情形：如果下家主动向上家约购毒品，对促成毒品交易起更大作用，而上家并非持毒待售的，一般不宜判处上家死刑。

5. 涉案毒品数量达到巨大以上的，也要综合上述因素决定死刑适用，不必然判处二人以上死刑。

6. 程序性要求不得为了多判死刑而将相关案件分案处理。办理毒品犯罪案件，不得为多判处死刑而人为地将毒品共同犯罪案件或者密切关联的上下游案件分案处理;因客观原因造成分案处理的,办案时应当及时了解关联案件的审理进展和处理结果、注重全案量刑平衡。

二、运输毒品罪

运输毒品罪是指明知是毒品而采用携带、寄递、托运、利用他人或者使用交通工具等方法非法运送毒品的行为。

在认定运输毒品罪时应注意:

(一)吸毒者实施运输毒品犯罪的性质认定

我国吸毒人员数量庞大,是毒品犯罪的重要诱因,为从源头上遏制毒品犯罪、减少毒品流通,应当加大对吸毒者实施的毒品犯罪的打击力度,降低将吸毒者运输毒品的行为认定为运输毒品罪的门槛,《武汉会议纪要》规定:

吸毒者在运输毒品过程中被查获,毒品未达到数量较大标准的,不作为犯罪处理;毒品数量达到较大以上的,没有证据证明其是为了实施贩卖毒品等其他犯罪,以运输毒品罪定罪处罚。

(二)关于运输代购毒品行为的定性

行为人为吸毒者代购毒品,在运输过程中被查获,没有证据证明托购者、代购者是为了实施贩卖毒品等其他犯罪,毒品数量达到较大以上的,对托购者、代购者以运输毒品罪的共犯论处。毒品数量未达到较大标准的,则不作为犯罪处理。

(三)两人以上同行运输毒品的性质认定

1. 两人以上同行运输毒品的是否构成共同犯罪的基本认定规则为,从是否明知对方带有毒品,有无共同运输毒品的意思联络,有无配合、掩护运输毒品行为等方面综合审查认定是否构成共同犯罪。

2. 两人以上同行运输毒品不应被认定为共同犯罪包括两种情形:

(1)受雇于同一雇主同行运输毒品,但受雇者之间没有共同犯罪故意或者虽然明知他人受雇运输毒品,但各自的运输行为相对独立,既没有实施配合、掩护运输行为的,又分别按照各自运输的毒品数量领取报酬的,不应认定为共同犯罪。

(2)受雇于同一雇主分段运输同一宗毒品,但受雇者之间没有犯罪共谋的,也不应认定为共同犯罪。

3. 雇主应当承担的刑事责任。雇用他人运输毒品的雇主,及其他对受雇者起到一定组织、指挥作用的人员,与各受雇者分别构成运输毒品罪的共同犯罪,对运输的全部毒品数量承担刑事责任。

(四)运输毒品犯罪的死刑适用

运输毒品犯罪的重点打击对象包括:(1)运输毒品犯罪集团的首要分子;(2)组织、指使、雇用他人运输毒品的首犯或者毒枭、职业毒贩、毒品再犯;(3)具有武装掩护、暴力抗拒检查、拘留和逮捕情形的;(4)参与有组织的国际毒品犯罪的;(5)以运输毒品为业的、多次运输毒品的;(6)其他严重情节的。对于其中依法应当判处死刑的,坚决予以判处。

受雇运输毒品的可以减少基准刑的30%以下,对于有证据证明确属受人指使、雇用运输毒品,又系初犯、偶犯的被告人,即使毒品数量超过实际掌握的死刑数量标准的,也可以不判处死刑。在这一规定的基础上进一步规定,对于不能排除受人指使、雇用初次运输毒品的被告人,毒品数量超过实际掌握的死刑数量标准,但尚不属数量巨大的,一般也可以不判处死刑。

近年来,最高人民法院掌握的毒品犯罪死刑数量标准为一般情况下不低于1千克(以海洛因为参照物);个别省份已经提高2千克以上;甚至有的省份更高,云南是3千克到5千克,尤其是西双版纳。“运输毒品数量巨大”,按照最高人民法院掌握的标准,一般是指死刑标准的3~5倍的量。同时要严格“不能排除”受雇的认定标准,“不能排除”并不是无根据的推测,也要求有一定的证据证明,只是不需要达到确实、充分的证明标准。

对一案中有多名受雇运输毒品的,原则上不应同时判处两人以上死刑。一案中有多名受雇运输毒品的，在决定死刑适用时，除各被告人运输毒品的数量外，还应结合其具体犯罪情节、参与犯罪程度、与雇用者关系的紧密性及其主观恶性、人身危险性等因素综合考虑，同时判处两人以上死刑时要特别慎重。

三、非法持有毒品罪

非法持有毒品罪是指违反国家法律和国家主管部门的规定，占有、携带、藏有或者以其他方式持有毒品且数量较大的行为。

我国对吸毒行为一般不按照犯罪处理，故刑法设置非法持有毒品罪的定罪标准时，考虑了吸毒者合理吸食量的因素，把数量较大视为合理吸食量的界限，超过数量较大标准的，应视为超出了合理吸食量。非法持有毒品罪是数额犯，构成犯罪需要达到法定数量（见下表）：

种类	数量较大	数量大
鸦片	200g≤数量＜1kg	≥1kg
海洛因、甲基苯丙胺	10g≤数量＜50g	≥50g
可卡因	10g≤数量＜50g	≥50g
3,4－亚甲二氧基甲基苯丙胺（MDMA）等苯丙胺类毒品（甲基苯丙胺除外）、吗啡	20g≤数量＜100g	≥100g
芬太尼	25g≤数量＜125g	≥125g
甲卡西酮	40g≤数量＜200g	≥200g
二氢埃托啡	2mg≤数量＜10g	≥10mg
哌替啶（杜冷丁）	50g≤数量＜250g	≥250g
氯胺酮	100g≤数量＜500g	≥500g
美沙酮	200g≤数量＜1kg	≥1kg
曲马多、γ－羟丁酸	400g≤数量＜2kg	≥2kg
大麻油	1kg≤数量＜5kg	≥5kg

续表

种类	数量较大	数量大
大麻脂	2kg≤数量＜10kg	≥10kg
大麻叶、大麻烟	30kg≤数量＜150kg	≥150kg
可待因、丁丙诺啡	1kg≤数量＜5kg	≥5kg
三唑仑、安眠酮	10kg≤数量＜50kg	≥50kg
阿普唑仑、恰特草	20kg≤数量＜100kg	≥100kg
咖啡因、罂粟壳	40kg≤数量＜200kg	≥200kg
巴比妥、苯巴比妥、安钠咖、尼美西泮	50kg≤数量＜250kg	≥250kg
氯氮卓、艾司唑仑、地西泮、溴西泮	100kg≤数量＜500kg	≥500kg
刑罚	处3年以下有期徒刑、拘役或者管制，并处罚金；情节严重的，处3年以上7年以下有期徒刑，并处罚金	处7年以上有期徒刑或者无期徒刑，并处罚金

符合非法持有毒品“数量较大”标准，且具有下列情形之一的，应当认定为《刑法》第348条规定的“情节严重”：

1. 在戒毒场所、监管场所非法持有毒品的；
2. 利用、教唆未成年人非法持有毒品的；
3. 国家工作人员非法持有毒品的；
4. 其他情节严重的情形。

在认定非法持有毒品罪时应注意：

（一）吸毒者在购买、存储毒品过程中被查获的性质认定

吸毒者在购买、存储毒品过程中被查获，没有证据证明其是为了实施贩卖毒品等其他犯罪，毒品数量达到《刑法》第348条规定的最低数量标准的，以非法持有毒品罪定罪处罚。

（二）接收物流寄递方式交付毒品的性质认定

1. 购毒者接收贩毒者通过物流寄递方式交付的毒品，没有证据证明是为了实施贩卖毒品等其他犯罪，毒品数量达到《刑法》第348条的

最低数量标准的，一般以非法持有毒品罪定罪处罚。之所以这样规定，原因可能在于贩毒者通过物流寄递的方式运输毒品的行为，属于其毒品交付行为的组成部分。购毒者原则上不应就毒品交付前贩毒者实施的运输行为承担刑事责任，对购毒者、贩毒者不应认定为运输毒品罪的共犯；否则所有接受毒品的购毒者都将构成运输毒品罪，会导致打击面过大。

2. 代收者明知是物流寄递的毒品而代购毒者接收，没有证据证明其与购毒者有实施贩卖、运输毒品等犯罪的共同故意，毒品数量达到《刑法》第 348 条的最低数量标准的，对代收者以非法持有毒品罪定罪处罚。

四、非法生产、买卖、运输制毒物品罪

遏制毒品犯罪要抓源头、抓突出问题。我国是易制毒化学品生产大国，近年来制毒物品流入非法渠道被用于制造毒品的情况较为突出，这也是境内制造合成毒品犯罪加剧的重要原因之一。为了更好地从源头上遏制毒品犯罪，加大对制毒物品犯罪的惩治力度，《刑法修正案(九)》对将《刑法》第 350 条制毒物品犯罪的有关条款作了修订，增加了非法生产、运输制毒物品罪。该条具体规定，

“违反国家规定，非法生产、买卖、运输醋酸酐、乙醚、三氯甲烷或者其他用于制造毒品的原料、配剂，或者携带上述物品进出境，情节较重的，处 3 年以下有期徒刑、拘役或者管制，并处罚金；情节严重的，处 3 年以上 7 年以下有期徒刑，并处罚金；情节特别严重的，处 7 年以上有期徒刑，并处罚金或者没收财产。

明知他人制造毒品而为其生产、买卖、运输前款规定的物品的，以制造毒品罪的共犯论处。

单位犯前两款罪的，对单位判处罚金，并对其直接负责的主管人员和其他直接责任人员，依照前两款的规定处罚”。

违反国家规定，非法生产、买卖、运输制毒物品、走私制毒物品，达

到下列数量标准的，应当认定为《刑法》第350条第1款规定的“情节较重。”（见下表）：

种　类	情节较重	情节严重	情节特别严重
麻黄碱（黄麻素）、伪麻黄碱（伪麻黄碱）、消旋麻黄碱（消旋麻黄素）	1kg≤数量<5kg	5kg≤数量<25kg	≥25kg
1－苯基－2－丙酮、1－苯基－2－溴－1－丙酮、3,4－亚甲基二氧苯基－2－丙酮、羟亚胺	2kg≤数量<10kg	10kg≤数量<50kg	≥50kg
3－氧－2－苯基丁腈、邻氯苯基环戊酮、去甲麻黄碱（去甲麻黄素）、甲基麻黄素（甲基麻黄素）	4kg≤数量<20kg	20kg≤数量<100kg	≥100kg
醋酸酐	10kg≤数量<50kg	20kg≤数量<250kg	≥250kg
麻黄浸膏、麻黄浸膏粉、胡椒粉、黄樟素、黄樟油、异黄樟素、麦角酸、麦角胺、麦角新碱、苯乙酸	20kg≤数量<100kg	100kg≤数量<500kg	≥500kg
N－乙酰邻氨基笨酸、邻氨基苯甲酸、三氯甲烷、乙醚、哌啶	50kg≤数量<250kg	250kg≤数量<1250kg	≥1250kg
甲苯、丙酮、甲基乙基酮、高锰酸钾、硫酸、盐酸	100kg≤数量<500kg	500kg≤数量<2500kg	≥2500kg
刑罚	处3年以下有期徒刑、拘役或者管制，并处罚金	处3年以上7年以下有期徒刑，并处罚金	处7年以上有期徒刑，并处罚金或者没收财产

违反国家规定，非法生产、买卖、运输制毒物品、走私制毒物品，达到前款规定的数量标准最低值的50%，且具有下列情形之一的，应当认定为《刑法》第350条第1款规定的“情节较重”：

1. 曾因非法生产、买卖、运输制毒物品、走私制毒物品受过刑事处罚的；

2. 二年内曾因非法生产、买卖、运输制毒物品、走私制毒物品受过行政处罚的；

3. 一次组织5人以上或者多次非法生产、买卖、运输制毒物品、走私制毒物品，或者在多个地点非法生产制毒物品的；

4. 利用、教唆未成年人非法生产、买卖、运输制毒物品、走私制毒物品的；

5. 国家工作人员非法生产、买卖、运输制毒物品、走私制毒物品的；

6. 严重影响群众正常生产、生活秩序的；

7. 其他情节较重的情形。

易制毒化学品生产、经营、购买、运输单位或者个人未办理许可证明或者备案证明，但生产、销售、购买、运输易制毒化学品，确实用于合法生产、生活需要的，不以制毒物品犯罪论处。

第四节　毒品案件的特点

一、毒品犯罪案件的概念及特征

毒品案件是一种特殊的刑事案件，一般情况下没有报案人，也没有通常意义上的被害人，现场勘查常常也不是侦查的必经步骤。毒品犯罪案件区别于普通刑事案件的特征，归纳起来主要有以下几点：隐蔽化、集团化、国际化、“互联网＋毒品”化、暴力化、网络化。

（一）隐蔽化

1. 没有特定的被害人

毒品案件与普通刑事案件相比，一般没有特定的被害人，也不以具体犯罪结果的发生作为侦查的起点，一般是从获取有关情报、线索作为侦查的开始。毒品案件的发生往往是犯罪的开始，而不是犯罪的结果，更不是犯罪的结束。普通刑事案件一般都有“作案人”和“被害人”，毒品案件虽然有具体的犯罪行为人，但往往没有特定、具体的“被害人”。在零星贩毒中,毒贩同吸毒者接触,一手交钱,一手交货或定时定点联络。这类案件所侵害的对象往往既是被害者,同时又是违法犯罪行为人,一般不存在被害人或者事主的报案;即使是吸毒人员,也不同于其他刑事案件的被害人,他们不仅不会报案,还会通过各种方式隐瞒毒品的来源,因此毒品案件的“被害人”不具有特定性。

2. 毒品案件通常无可供勘查的一般意义上的犯罪现场

一般刑事案件发生以后,通常都有犯罪现场可供勘查,可以提取并且能够在法庭上作为刑事证据使用的痕迹物证。比如杀人案件现场提取到的指纹、足迹以及犯罪行为人的毛发、皮屑等都可以用作犯罪行为人曾经到过犯罪现场的证据等。虽然毒品案件也存在犯罪现场,但作为以交易为主的特殊犯罪形式,脚印、足迹等常规意义的痕迹物证证明力大大降低,毒品案件现场勘查的价值也相对要小得多。且毒品案件大多以运输、携带和贩卖毒品等为表现形式,整个犯罪多处于动态过程,犯罪现场非常广泛,比如甲在 A 地买货,B 地窝藏,为躲避侦查而后又到 C 地、E 地,最后在 F 地才将毒品出手,犯罪现场呈现时空跨度大的特点。故毒品案件的侦查多数是依靠情报、特情或化装侦查开展工作的。

(二)集团化

毒品犯罪分子多以贩毒为职业,因此毒品犯罪分子的反侦查意识和反侦查伎俩都非常强。毒品犯罪案件中存在着种植、加工、运输、消费等多个环节,从这方面讲毒品犯罪案件的作案时间、地域跨度比较大、线长面广,中间环节多。由于毒品犯罪的刑罚较重,毒品犯罪分子为了逃避制裁,在进行毒品犯罪前一般都会制定周密的作案计划,明确不同的职责分工,进而有计划、有目的地进行毒品犯罪,形成了贩毒集团。有些贩毒集团或团伙在吸收新成员入伙时,还要对新成员进行培训。在有些法律意识淡薄的地区,甚至出现了家族犯毒的情况,即整个家庭成员都参与贩毒,一个家庭就是一个贩毒团伙。在面对公安机关查缉的时候,整个家族成员会全部出动,公开与侦查机关展开生死对抗。

（三）国际化

世界上主要毒品生产地中，“金三角”“金新月”和印度均位于亚洲，而毒品的主要消费市场却在美国和西欧国家。因此，生产国与消费国之间的地理距离，决定了毒品犯罪大多要跨越国界。一方面，我国地理位置比较特殊，毗邻东南亚主要毒品生产国，国际贩毒集团和贩毒分子便利用我国特定的地理位置和对外开放的条件，开辟“中国”通道，将毒品偷运入境，借道转运港澳地区和欧美国家，进入国际市场。所以，过境贩毒是我国毒品案件的突出问题。另一方面，受过境贩毒的长期影响，我国也开始由毒品中转国向毒品消费国转变，现在又向合成毒品制造国转变。近年来，非洲、南亚、中亚、美洲等国际贩毒集团加速向中国渗透，试图通过广东开辟贩毒通道和市场。现在广州已经取代了曼谷、东京、香港地区，成为毒品集散的重要地方。广州地区非洲籍人贩毒问题非常突出，这是由于广州的气候跟非洲很像，比较潮湿、炎热，吸引了很多非洲人聚集，间接导致毒品问题国际化。实践中存在小语种翻译的问题、法律差异的问题，给我国打击跨国毒品犯罪带来很大不便。

（四）“互联网＋毒品”化

随着信息化社会的加速发展，网络交友平台不断增多，网上购物和信息化物流日趋发达，网上、网下行为相互交织、相互影响，诱发和滋生大量网络犯罪。我们常见的毒品犯罪已从传统的电话沟通、见面交易，转变为网上交易、物流贩运。上下线之间互不见面便完成了整个作案过程，其隐蔽性更强，打击难度和取证难度更大。毒品犯罪分子开始使用网络通信工具进行毒品犯罪。有的毒品犯罪分子使用网络虚拟号码与传统电话进行联系，这类号码下线后就不复存在，无法追踪有关资料。有的毒品犯罪分子使用互联网即时通信软件进行联系，利用软件快速变更 MAC 地址和 IP 地址，使侦查人员无法定位。此类方式隐蔽性极强，难以监控。有些毒品犯罪分子能利用智能手机获取他人信息,故很难进行追踪。有的毒品犯罪分子通过刷机的方式将恶意的木马程序植入,可以实现收集手机信息并回传,随意获取电话号码、通讯录、短信、文件、照片、视频等。以上这些都是贩毒活动反侦查手段向高科技化方向发展的一个新动向,应当高度警惕。如何固定、鉴定互联网通信证据,如何认定数字化、信息化证据,将是侦查工作中的新问题。

(五)暴力化

当前制、贩毒犯罪团伙"涉枪""涉黑""涉恐"问题日益凸显,"枪毒同源"现象愈演愈烈。贩毒分子武装贩毒出于两种目的:第一,对抗公安机关的查缉。因为我国法律严厉打击毒品犯罪,毒品犯罪分子深知罪行暴露、落入法网后的严重后果,因此随身携带武器准备在必要的时候和公安机关进行武装对抗。第二,由于贩毒会给犯罪分子带来巨额暴利,因此犯罪分子之间有时会出现"黑吃黑"的情况,毒品犯罪分子为了在交易过程中避免被"吃"掉,或实现"吃"掉对方的目的,也会携带枪支等武器。

(六)网络化

毒品案件多为网络节点型犯罪案件,毒品交易一般要经过批发和零售才能进行贩卖。在一定的地区范围内,毒品批发商的数量大多是固定的,其将毒品批发给几个不同的下家,下家获得毒品之后再将毒品分成更小的批量二次批发给几个不同的下家,如此反复,直到最后贩卖的毒品可以直接零售给吸毒者。整个犯罪呈现出星形网络形式,每个网络的节点都是一个毒品批发商,而位于最顶端的则是最大的毒品犯罪分子。

二、缉毒警察应具备的意识

缉毒工作是一项极具挑战性的工作,缉毒警查特别需要加强以下意识:

(一)情报意识

情报引领侦查,缉毒侦查需要更加注重情报,已成为缉毒工作禁毒工作的共识。我国公安部建立了禁毒情报监督中心,在收集情报工作方面发挥了重要作用。

(二)经营意识

毒品案件是一个经营的过程,一个线索来了,能不能经营,会不会经营直接影响着侦查工作的开展。通过一个线索往下推,从理论上讲,一个吸毒人员一往上追就可以追到种毒的地方,或制毒工厂,如果侦查人员经营不好,案件就无法进行下去。经营时哪些时候该收、哪些时候该放、先抓什么、后抓什么、派不派卧底、用不用技术手段都很有讲究。

经营毒品案件的诱惑侦查,让本不想犯罪的人去犯罪,也存在问题。在定罪时应当考虑犯意问题、数量问题,所以在工作过程中有些政策要认真的把握。

(三)合作意识

毒品案件不合作是很难完成的,跨国、跨省之间合作非常重要,毒品案件基本是从甲地到乙地、从乙地到丙地,运输时间长,运费高,毒品案件无法避免合作,没有合作工作很难完成。

(四)证据意识

2012年3月14日修正通过的《中华人民共和国刑事诉讼法》(以下简称《刑事诉讼法》)对侦查取证的合法性要求越来越高。缉毒工作不仅要面对穷凶极恶的犯罪分子,还要面对律师、检察官、法官的质询;不仅要依照法定程序取证,还要所取得的证据具备法定形式,并经法定程序查证属实。实践中,办案人员虽然有着丰富的侦查经验,破获毒品案件得心应手,但是缺乏证据意识,存在重实体、轻程序的认识,某些案件关键物证、书证的收集程序或者送达手续不全,这样就导致部分定案证据失去法律效力,不有利于打击毒品犯罪。因此必须不断增强民警侦查取证意识,加快适应和磨练,跟上现代法律进程步伐,从而真正实现“抓得住人、办得了案、诉得出去”总体要求,确保依法严厉打击每一名犯罪分子。

（五）安全意识

针对毒品案件呈暴力化特点，所以在缉毒过程中要注意自身安全，这要求我国政府要进一步加强刑侦队伍的软硬件建设，一方面为侦查人员配备可靠的防护装备以及非杀伤性武器，丰富抓捕工作的战术选择；另一方面要加强对民警的查缉战术训练，提高民警的自我保护意识和能力，尽最大可能避免民警伤亡。另外有些毒品犯罪者携带艾滋病毒等传染性疾病，在抓捕中容易感染，广大侦查人员应注意预防。我国缉毒警察人数偏少、年龄偏大，培训偏少，应要求缉毒民警时刻将防范放在心上，斗智不斗勇。

【本章小结】

毒品犯罪是一种追求高额利润为目的的特种经济犯罪，铁路作为国民经济大动脉，铁路运输成为了毒品犯罪的主要渠道之一。常见铁路犯罪有：贩卖、运输、毒品罪等。毒品案件是刑事案件，它具有隐藏化、集团化、国际化、“互联网＋毒品”化、暴力化、网络化的特征。这就需要缉毒警察应该具备一定的意识，如情报意识、经营意识、合作意识、证据意识、安全意识等。

【延伸作业】

1. 分组收集世界毒源地或大毒枭的资料，制作 PPT 进行讲解交流；

2. 阅读 1998～2015 年版本中国禁毒报告，分析中国毒情形势的变化。

第三章　铁路站车查缉毒品

【教学目的及重点】

1. 铁路毒贩常见藏毒、运毒的手段；

2. 铁路站车查缉毒品主要方法；

3. 实战教官进课堂示范查缉毒品要领。

第一节　查缉毒品概述

一、查缉的概念和法律依据

（一）查缉的概念

查缉是人民警察为了及时有效地发现、识别、缉捕违法犯罪嫌疑人而实施的盘查、清查、搜查、缉捕等活动的总称。查缉并不是一个法律术语，在现有法律、法规和规章中，对于盘查、搜查和通缉都有规定，但对查缉没有专门规定。

盘查，是对盘问、检查的合称，是指人民警察在执行职务过程中，依法对有违法犯罪嫌疑的人员进行盘问，对其人身和随身携带的物品进行检查。

清查，是指人民警察在执行职务过程中，依法对违法犯罪嫌疑人可能藏身、出没以及实施违法犯罪活动的地点、场所进行清理和检查。

搜查，是指人民警察在执行职务过程中，依法对可能藏匿有犯罪嫌疑人或犯罪证据的场所进行搜索，以及对抓获的犯罪嫌疑人进行检查。

缉捕，是指人民警察抓捕犯罪嫌疑人的活动。

如何发现隐藏在社会人群中的毒品犯罪嫌疑人，如何发现藏匿于形形色色物品、身体中的毒品以及其他犯罪证据，都是通过查缉方法要解决的问题。查缉既是缉毒侦查中的一项基础性措施，又是打击贩毒活动的一个重要方法。

（二）查缉毒品的法律依据

1.《中华人民共和国禁毒法》第26条规定，公安机关根据查缉毒品的需要，可以在边境地区、交通要道、口岸以及飞机场、火车站、长途汽车站、码头对来往人员、物品、货物以及交通工具进行毒品和易制毒化学品检查，民航、铁路、交通部门应当予以配合。

2.《中华人民共和国反恐怖主义法》第34条规定，大型活动承办单位以及重点目标的管理单位应当依照规定，对进入大型活动场所、机场、火车站、码头、城市轨道交通站、公路长途客运站、口岸等重点目标的人员、物品和交通工具进行安全检查。发现违禁品和管制物品，应当予以扣留并立即向公安机关报告；发现涉嫌违法犯罪人员，应当立即向公安机关报告。

3.《中华人民共和国反恐怖主义法》第36条规定，公安机关和有关部门应当掌握重点目标的基础信息和重要动态，指导、监督重点目标的管理单位履行防范恐怖袭击的各项职责。

公安机关、中国人民武装警察部队应当依照有关规定对重点目标进行警戒、巡逻、检查。

4.《中华人民共和国警察法》第9条规定，为维护社会治安秩序，公安机关的人民警察对有违法犯罪嫌疑的人员，经出示相应证件，可以当场盘问、检查。

5.《中华人民共和国居民身份证法》第 15 条规定,人民警察依法执行职务,遇有下列情形之一的,经出示执法证件,可以查验居民身份证:

(1)对有违法犯罪嫌疑的人员,需要查明身份的;

(2)依法实施现场管制时,需要查明有关人员身份的;

(3)发生严重危害社会治安突发事件时,需要查明现场有关人员身份的;

(4)在火车站、长途汽车站、港口、码头、机场或者在重大活动期间设区的市级人民政府规定的场所,需要查明有关人员身份的;

(5)法律规定需要身份的其他情形。

有前款所列情形之一,拒绝人民警察查验居民身份证的,依照有关法律规定,分别不同情形,采取措施予以处理。

6.《公安机关办理行政案件程序规定》第 45 条规定,为维护社会秩序,人民警察对有违法嫌疑的人员,经表明执法身份后,可以当场盘问、检查。对当场盘问、检查后,不能排除其违法嫌疑,依法可以适用继续盘问的,可以将其带至公安机关,经公安派出所负责人批准,对其继续盘问。对违反出境入境管理的嫌疑人依法适用继续盘问的,应当经县级以上公安机关或者出入境边防检查机关负责人批准。

继续盘问的时限一般为 12 小时;对在 12 小时以内确实难以证实或者排除其违法犯罪嫌疑的,可以延长至 24 小时;对不讲真实姓名、住址、身份,且在 24 小时以内仍不能证实或者排除其违法犯罪嫌疑的,可以延长至 48 小时。

二、查缉的种类

按照《铁路公安机关查缉工作规定(试行)》(公刑〔2009〕70 号)规定,根据工作对象、内容、范围及紧急程度的不同,查缉工作可分为日常查缉和指令查缉。

日常查缉是指民警在工作中落实岗位责任制,对可疑人、可疑物进行盘问、检查，从而发现、查证违法犯罪的过程。日常查缉的主要任务是破获刑事案件，抓获犯罪嫌疑人，查获负案在逃犯罪嫌疑人，查破治安案件，查处违法人员，查获危险品、违禁品等。

指令查缉是指各单位根据上级公安机关的部署或其他公安机关的请求，在相对固定的范围内，对特定的在逃犯罪嫌疑人由专人部署、专人负责并及时抽调专门力量开展的查缉工作。

三、铁路公安机关禁毒机构

目前，全国铁路公安机关未统一禁毒机构的设置。在公安局层面，有的单设禁毒处，负责组织、协调、指导辖区的禁毒工作，指导公安处侦办重特大毒品案件，一般不直接侦办毒品案件；有的则由刑侦处履行禁毒工作职能。在公安处层面，有的单设禁毒支(大)队；有的在刑侦支队下设禁毒大队；有的则是由刑侦支队履行禁毒工作职能，负责公安处辖区禁毒工作的组织、实施和毒品案件的办理。车站派出所主要负责落实上级禁毒工作部署，开展站、车毒品查缉，毒品案件先期处置、证据固定，办理吸食、注射、非法持有毒品等常见毒品行政违法案件，一般不办理毒品犯罪案件。

第二节　铁路站车公开查缉毒品

铁路是我国交通运输大动脉，铁路旅客列车是重要交通工具之一。由于铁路运输具有方便、快捷、人流量相对集中且便于隐藏等特点，毒贩一直把通过铁路贩运毒品视为“理想通道”之一，因此开展站车查缉毒品工作，一直是铁路禁毒工作的主战场之一。为有效遏制毒品利用铁路交通进行运输，铁路公安机关全面强化立体查缉的禁毒防线，制定了“点、线、面结合”，站车公开查缉的工作措施。即以重点车站为“点”，以旅客列车经过的重点线路、区段为“线”，以管内各站区治安控制为“面”,形成“车上、车下联动”,“点、线、面结合”,合理布置警力,全方位布控,多层次查缉的立体作战网络。站勤民警、乘务民警、刑侦民警和缉毒民警协同作战,同步查缉,在千里铁道线上构筑起强大而严密的防线。在重点部位形成了“人、机、犬”三位一体的查缉机制,改变了以往单纯依靠人力和经验查毒的状况,显著提高了毒品查缉能力。

站车值勤民警可依托验证验票、安检查危、岗位巡视、纠纷调处、案(事)件查处等日常警务活动,或通过现场监控视频,对站车区域过往、滞留人员体貌特征、行为举止、携带物品、口音气味等方面进行观察、辨别,从而确定盘查、检查重点对象。

一、合理设置查缉岗位

铁路公安机关是我国公安机关的重要组成部分,是国家派驻铁路系统的治安行政力量和刑事司法力量,担负着预防、打击违法犯罪活动,维护站、车、线治安秩序,保卫铁路运输生产和旅客生命财产安全的重要职责。目前,全国铁路公安系统共有公安局 18 个,公安处 74 个,公安所队 1743 个,民警 7 万多人,承担着全国 9 万公里线路、6000 多个车站的安全保卫任务。毒品犯罪案件一直占铁路刑事案件的很大比重。全国铁路公安机关根据全国毒品犯罪形势,结合 2015 年国家禁毒委员会调查研究和长期掌握的情况,列出毒品重点整治地区;借助铁路地缘优势,认真研究分析铁路毒品犯罪活动的规律、特点,把全路划分为西南、东南、西北、东北和中原五大区域,确定了“突出西南、强化西北、兼顾东南和东北”的工作思路;将昆明、广州、成都、武汉、上海、乌鲁木齐等铁路公安局所管辖地区作为打击毒品犯罪的重点地区,积极开展有针对性的站车查缉。在对车站进站安检、候车及旅客列车等区域开展普遍查缉的基础上,应结合重点时段、重点部位、重点车次、重点区段等情况有所侧重地布岗查缉。

(1)根据查缉重点对象在铁路乘车流向性(流出地、流入地、中转地)特点,流出地派出所应重点在购票、进站、上车环节开展重点查缉;流入地派出所应在旅客下车及出站环节开展重点查缉;中转地派出所应在购票及进出站环节全面开展查缉。旅客列车值乘民警应根据列车运行交路,在途经流出地、流入地、中转地的重点区段开展重点查缉。

(2)根据查缉对象进站、乘车、下车等时间规律,对流出地所在小站夜间上车的旅客进行重点查缉。

【链接】

海上铁警

我国具有较多的河流,较长的海岸线,较大的海峡,为了解决铁路跨江、过海问题,铁路轮渡在中国应运而生。目前,有江阴铁路轮渡、粤海铁路轮渡和烟大铁路轮渡三条铁路轮渡线在运营。铁路公安保卫业务范围拓展到海上和轮渡上。例如广东铁路公安局海口铁路公安处粤海铁路北港码头设立了口岸查缉队,通过设立北港待渡场、安检口、人员信息验证、候船厅、过海车辆购票处数据库共5道防线布控网络,形成联动。查获多起毒品运输毒品案件,为毒品的堵源截流做出了贡献。

二、铁路毒贩常见藏毒、运毒的手段

经查获毒品的情况看,主要有三种方法:一是人体贩毒;二是物品伪装夹带;三是货物托运。

(一)人体贩毒

人体贩毒是指利用人的身体或者身体的空洞来进行毒品的藏匿,以逃过检查,进而达到贩运毒品的目的。利用自己的身体藏匿毒品进行运输毒品的行为分为两种,包括体内藏匿毒品和体外藏匿毒品。

1. 体内藏匿毒品

体内藏匿毒品又分为吞下和塞入两种方式,就是利用人体器官藏毒。其隐蔽性强,查获难度大,运输毒品成功率高,已成为当前毒贩所惯用的手段。

(1)吞服的方式藏匿毒品

吞服的毒品通常加工成球形或条形,一般每粒重5~10g,球形直径2~3cm,条形长3~5cm、直径约1cm。每人可以携带500g左右,常常以避孕套包装,用牙线、外科用细线等对毒品包装封口。由于毒品包装上残留的部分毒品或者包装破裂泄漏出的少量毒品的作用,造成携带者有困乏、反应迟钝、表情麻木或者面色苍白等生理反应。毒品吞入后进入人体整个消化系统,最终从肛门排出。此种吞服的方法,保持的时间较长,最长可以保持一个星期。使用此种贩毒的犯罪嫌疑人,隐蔽性很强,在抓不到证据的前提下,很容易让其逃脱打击。但使用吞服的方法有很大危险,容易使毒品在整个消化系统运转时,外包装被胃酸腐蚀破损而发生外泄,从而造成贩毒嫌疑人中毒死亡。最近毒贩的体内藏毒出现了新的特点,吞服的毒品用复印纸包装后透视仪检查效果较差。为了防止排泄,携带者通常随身带有防腹泻药物、防痉挛药物、抗酸剂等。

(2)塞入的方式藏匿毒品

塞入的毒品呈圆柱形,通常每条重50~100g,长5~10cm,粗2~4cm,个人可以携带500g左右。可以塞入阴道或者肛门。但是女性塞入阴道少于肛门,这是由于肛门有可以控制的外括约肌,可以靠肌肉的收缩防止毒品球排泄出来,而阴道没有外括约肌,必须使用卫生棉或者卫生巾防止其外泄。这种塞入的方法,一般保持的时间较短,大部分贩毒嫌疑人采用此种方法是为了应付进站上车前的检查,上了旅客列车后,观察无危险后即从体内取出,转移藏匿的地点。

2. 体外藏匿毒品

体外藏匿毒品的原则是,只要能想到的地方,都有可能藏匿。

(1)人体隐私部位藏毒:主要指将毒品通过伪装后藏匿于不易被检查部位的一种藏毒方式。

①利用胸部藏毒:其方法是将毒品改装成粉状或块状后捆绑,女

性因生理特征常采用此方式藏匿毒品。

②利用裆部藏毒：其方式是将毒品改装后藏匿在隐私部位，也是在检查工作中最难检查的藏毒方式之一。

③用头发藏毒：其方式是将毒品制成粉状后，利用女性头发长的特征藏匿。

④利用大腿内、外侧藏毒：其方式是将毒品通过简单地伪装后，利用胶带纸捆绑。

（2）人体肢体部位藏毒：主要指毒贩将毒品利用捆绑、粘贴方式藏匿于肢体部位的藏毒方式。

①利用腋下藏匿毒品：其方式是将毒品制成粉状或颗粒状后通过包装捆绑粘贴于腋下。

②利用背部藏匿毒品：其方式是将毒品制成粉状后通过塑料纸包装成很薄的大片状捆绑、粘贴于背上。

③腰、腹部藏匿毒品：其方式是将毒品通过用胶带纸、女性长筒丝袜捆绑和夹藏于腰腹部的方式。

④利用手臂藏匿毒品：其方式是将毒品制成粉末状或小块状后通过包装捆绑于手臂上。

⑤利用小腿内、外侧藏匿毒品：其方式是将毒品通过捆绑、粘贴于小腿内、外侧。

⑥利用脚踝关节藏匿毒品：其方式是将毒品通过改装后利用所穿袜子夹层捆绑。

⑦利用脚掌藏匿毒品：其方式是将毒品改成粉末状后，制成和脚掌一样大小的形状粘贴在脚掌上，并利用所穿鞋、袜隐藏。

（3）穿着物、服饰藏匿毒品：主要指根据情况将毒品伪装后藏匿于行为人所穿的衣物、裤子、鞋、袜或所戴帽子、饰品内的一种藏毒方式。

①利用帽子、头巾藏匿毒品：其方式是将毒品改装后利用帽子的夹层、边缘和女性所带头巾内夹藏。

②利用衣领、垫肩藏匿毒品：其方式是将毒品制成粉末状后包装

成细条状或薄块状缝合在衣领和垫肩的夹层内。

③利用衣服、领带的夹层藏匿毒品:其方式是将毒品制成粉末状后利用有衬里的衣服及领带通过用胶水粘贴藏毒;应注意冬季穿着较厚衣服的衬里等部位。

④利用衣服的袖口、衣角边藏匿毒品:其方式是将毒品伪装成细条粉状,缝合在袖口边缘及衣角边缘内藏毒。

⑤利用裤腰、裤腿藏匿毒品:其方式是将毒品通过改装成条状缝合在裤腰内或藏匿于裤子的夹层内,特别是秋冬季节所穿的棉衣、棉裤等。

⑥利用衣服、裤子口袋藏匿毒品:其方式是将毒品根据情况改装后,藏匿于衣服的内外口袋及裤包内。

⑦利用鞋子的夹层藏匿毒品:其方式是根据需要将毒品改装后藏匿于鞋子的夹层内,应注意旅游鞋的鞋舌、鞋帮,布鞋、橡胶拖鞋的鞋底夹层均可藏匿毒品。

⑧利用服饰藏匿毒品:其方式是将毒品通过伪装后利用皮带夹层、皮带扣、大吊坠、颗粒状项链等饰物藏匿毒品。

(二)物品伪装夹带

物品伪装夹带主要指行为人随身携带的行李物品,只要有一定的空间,或意欲藏匿的物品均可藏匿毒品。当前很多案例反映出毒贩利用旅行、经商、探亲访友、外出务工等活动将毒品藏匿于随身携带的行李物品中,种类涉及千余种,也是毒贩为蒙混过关、逃避检查常采用的方法之一。物品藏毒往往是毒贩常用且在检查中最易忽视、最不易发现的藏毒方式之一。

1. 携带行李物品藏匿毒品:主要指物品改装后,将毒品制成适合藏匿于该物体的有效空间内,伪装运输的方式。

(1)利用箱、包藏匿毒品:通常是将旅行箱、皮包、纸箱的夹层进行改装,将毒品制成薄片状用胶水粘贴藏匿或将毒品制成颗粒状、粉末状藏匿于把手、拉杆的中心空间内。

(2)利用书籍、过塑照片藏匿毒品:通常是将书籍掏空后将毒品藏匿其中或将毒品制成薄片状依附在照片背面,通过机械压制过塑藏匿。

(3)利用绳子、工艺品藏匿毒品:通常是将毒品等制成颗粒、粉末状后用塑料纸包装成细条形状搓裹在绳子的中央部位或将购买的工艺品(如佛像、工艺品镜子、民族装饰品等)改装后将毒品藏匿于其中。

(4)利用衣物藏匿毒品:通常是将毒品用水溶解后再将衣物浸泡到有毒品的水中晒干后藏匿运输。

2. 生活用品藏匿毒品:主要指通过挤压、掏空、挖补等方法将原物品加工后使其有一定的空间藏匿毒品。

(1)利用牙膏、洗发液、洗面奶等藏匿毒品:通常是指将牙膏、洗发液等物品挤压后将毒品改装成颗粒状、粉末状装填到该物品中藏匿。

(2)利用香皂、打火机、手电筒、电池等藏匿毒品:通常是将物品掏空后再将毒品制成适合的形状放到掏空后的位置再进行掩藏。

(3)利用雨伞、鲜花藏匿毒品:将伞把、成捆的鲜花改装后藏匿毒品。

3. 食物藏匿毒品:主要指将食物、水果、烟、酒等物品经过改装加工后预留一定的空间藏匿毒品。

(1)利用盒装食品藏匿毒品:通常是将毒品制成块、条、砣、粉末状后利用盒装食品的外包装加于掩藏(如方便面、饼干、果脯、盒装饮料等)。

(2)利用瓶装、罐装食品藏匿毒品:通常是将毒品改装后利用塑料瓶、玻璃瓶和各种罐装食品密封性好的特点藏匿毒品(如饮料、果奶、八宝粥、腌制品、酒等)。

(3)利用水果、零食藏匿毒品:通常是将各种水果、零食掏空去核将毒品改装后填充再内用胶粘贴(如西瓜、橘子、荔枝,花生、瓜子等)。

(4)利用各地土特产品、香烟藏匿毒品:通常是将毒品制成与需要伪装的物品形体、大小、重量相同形状或制成粉末状后利用各种土特产品和香烟外包装物再进行伪装藏匿(如椰子、糖果、香烟等)。

(5)利用熟食制品藏匿毒品:通常是利用铁路运输过程中人们经常携带熟食食品旅行食用而将毒品装填在食品内(如烤鸭、馒头、面包、大饼等)。

4. 电器藏匿毒品:主要指利用各种家电、小型电器的有效空间将毒品伪装后夹藏运输的方式。

利用家用电器藏匿毒品:通常是将毒品藏匿于家用电器中通过货物托运的方式运输毒品(如冰箱、洗衣机、饮料机、台式电脑、电视等)。

利用小型电器藏匿毒品:通常是利用在铁路运输旅行过程中将毒品伪装后藏匿在其中的方式运输毒品(如手提电脑的显示屏夹层、随身CD机、MP3、手机及充电器的底座内、吹风机、放像机等)。

5. 饮料藏匿毒品:主要指将毒品通过溶解后再进行伪装运输的藏匿方式。

溶于饮料藏匿毒品:通常是将毒品溶解到与藏匿物相同颜色的水中再进行伪装运输(如可乐、啤酒、果汁等)。

(三)货物托运夹带毒品

近年来由于铁路货物运输量大且快件运输、包裹运输,都直接从客车行李中转运,很多帮助货主托运的营运商也应运而生。很多货物,例如包裹、行李直接由营运商代替检查,有的根本就不进行检查,直接就进入了列车运输,给安全检查工作造成了很大的漏洞,使犯罪分子有了可乘之机。近年来货物夹带毒品的问题越来越突出,全国各级铁路公安机关需要完善站车查缉措施,加强对托运行李包裹及零担货物的检查、抽查,对重点车站、重点方向的行包认真抽查,防止伪报品名夹带藏匿毒品和非法运输易制毒化学品。

三、铁路常见贩毒人员识别

(一)携带的行李少

此种情况特征如下:第一,携带包裹遮遮掩掩、怕动怕碰;第二,长途旅客携带行李较少或短途旅客不携带行李，一般就是一个包，内有简单的换洗衣服和洗脸工具等。这主要是为了逃避打击，便于快速躲避。

（二）避大站，绕小站

途经或始发毒品高危地区列车的下车旅客，特别是后半夜从上述地区偏远小站上车或者后半夜到达的下车旅客。

（三）毒品危害重点地区外流贩毒多

外流贩毒问题突出的地区多是自然条件差、经济社会发展落后、生活相对贫困的地区。一些通过贩毒获取暴利而未及时遭到打击处理的人，公然将从事贩毒获取的非法所得带回原籍，通过投资房地产、兴办企业等方式进行洗钱后，完全是一副"成功人士"的派头，必然对其周围的人产生负面导向作用。在通过其他途径一时难以致富的情况下，一些人错误地认为贩毒可以发家致富，出人头地，从而产生羡慕和效仿心理，在利益驱动下，最终加入外流贩毒的行列。原来外流重灾区的重庆市梁平县、四川省兴文县、贵州省织金县、甘肃省广河县、宁夏同心县、新疆和田县等县（区、市）外流贩毒活动得到有效遏制，但有一些贩毒分子具有了一定的经济实力和属于自己的地盘、网络后，从一线走到幕后，充当幕后老板，他们普遍是以雇用"马仔"带毒、自己押货方式进行贩毒。

（四）使用假身份证人员多

持假身份证或冒用他人身份证的，持多张他人身份证或身份证明的，均有可能是毒贩。由于贩毒嫌疑人具有地域性强的特点，贩毒重灾区的人，一出远门就会遭到认真的检查，一出示身份证（证件）就容易被怀疑是出来贩毒的人员。真正的贩毒者为了避免更多的盘问和检查，而将自己的照片交给制假证的犯罪嫌疑人，做假身份证，通过使用假身份证而逃避民警的注意。还有一个因素就是从心理上贩毒者不愿把自己的真实身份留在贩毒的路线上，并且为避免留下任何蛛丝马迹而将使用过的住宿票、汽车票等各种单据通通毁灭。

（五）有吸毒情节的贩毒人员多

大部分贩毒者就是吸毒者，他们以贩养吸，来维持自己吸毒所需要的高额资金。

（六）乘坐卧铺、高铁的多

为减少活动量，也为了增加安全感，运输、贩卖毒品的犯罪嫌疑人通常会坐卧铺。卧铺，特别是软卧有一种安全感，不担心被检查，上车后，大部分时间睡在床铺上，基本不活动，也不与周围旅客交流。卧铺车内旅客相对比硬座车旅客少，上厕所取出毒品方便。以贩养吸的贩毒犯罪嫌疑人，便于在厕所内吸食毒品，而且还便于观察乘警的情况。随着乘车时间的增长，体内藏毒者由于缺少饮食，会出现嘴唇干、眼睛红、面色苍白、口味混浊、反应迟钝等现象。从查获情况来看，贩毒者购买卧铺以上铺为主，因此要将查缉重点放在上铺。

高铁速度快，不会使毒品过早排出；乘警少，被查出概率小。重点注意乘坐快速列车坐姿奇特的旅客。

（七）女性贩毒呈上升趋势

从查获人员的情况来看，女性贩毒者占了50%左右。在查缉中，车上女乘警较少，遇上女性体内贩毒者，男乘警很难开展工作，请女列车员帮助检查时很多检查工作又不专业，给查缉带来很大麻烦。

（八）“蚂蚁搬家”式贩毒

毒贩利用旅客列车贩运毒品所携带的毒品克数数量明显减少，现在往往只保持在百克左右，带毒人同行人增多，呈“蚂蚁搬家”式。

（九）贩毒人员的成分，主要以农村人为主

吞服毒品的人群多是边远贫困地区、文化层次较低的人群。因为吞服毒品危险性较大，难以吞咽且运毒法律成本高，为一点经济利益带毒一般是贫困人员。

（十）身份不相符

多数出门的农村人没有手机，但这些人都带有手机，哪怕是贫困山区出来的贩毒者都带着手机，有的带有一部以上的手机或一张以上的 SIM 卡。手机通话记录和短信箱基本无内容，有特殊文字、符号的，一般是贩毒老板提供的用于联络和监视的手机。

购买软卧车票，与穿着、言谈、举止、气质、身份明显不符的。

四、查缉毒品的主要方法

铁路站车查缉毒品一般以查验车票、身份证的方式开展。通过“望、闻、问、切”四个核心环节，不占用过长时间，就能对盘问对象的职业、身份、口音、籍贯、穿着打扮、言谈举止等进行综合分析、判断，发现嫌疑，这就要求查缉人员具备丰富的工作经验和社会知识。

（一）“望”

即观察。通过观察值勤区域内人员的体貌特征、行为举止、携带物品，发现可疑人员，为进一步盘查、检查打好基础。

1. 观察体貌特征

通过观察体貌特征，初步掌握旅行乘车线路长短和各种差异的存在，能在较短时间内找准对象，为开展检查提供帮助。

（1）一般吸毒人员面色饥黄、身体消瘦、眼神呆滞、双手潮湿、瞳孔缩小、呼吸短促、动作迟缓、经常挠痒，手臂上多针眼或皮肤有溃烂、起泡现象的。

（2）衣着反季或者过于宽大的，鞋子明显过大或过重，走路姿势僵硬、笨拙，身上有异常突出的部位，有其他受到限制的行动和举止的。

2. 观察行为举止有无异常

通过观察旅客的行为举止，能发现、确定人流中的重点目标，在盯准目标后从细微的举止方面发现可疑点。

（1）在车站内反复逗留、四处观察、犹豫徘徊与一般旅客行为举止不相符的。

（2）从可疑对象的眼神发现情况。例如，有嫌疑人遇到人民警察设卡检查时眼神会有不敢对视、有意回避、躲闪或流露惊恐的状态。

（3）从可疑对象行走、举止发现情况。例如，当嫌疑人进入检查区域，表现出行走较快，有意绕开或在递交车票、身份证查验时惊慌、颤抖、不知所措的状况。

（4）一般体内藏毒人员斜着身体捡拾东西，走路姿势不自然，坐姿奇特，嘴唇干燥，频繁去洗手间，表现出醉态或有异常举动；或在列车上长时间静卧，不吃少喝，不愿与人交流。

3. 携带物品

（1）由于体内藏毒人员以运送毒品为目的，往往随身携带物品较少。如果在运输毒品过程中一旦败露罪行也便于逃跑。特别是长时间体内包裹毒品，如不按时将毒品运输至目的地，很容易造成避孕套、胶囊或塑料薄膜的破裂，从而危及生命。因此，我们应当对携带行李较少的可疑人员进行开包检查，注意从行李中发现与活动轨迹有关的交通工具票据和写有电话号码、数字的小纸条等物品，并结合身份特征分析查找与侦破案件有关的线索。

（2）有的贩毒分子为在运输毒品过程中故意掩盖真相，随身携带大量行李物品。例如，以旅游为借口带有大量当地土特产品和以外出务工为由带有大量行李物品和生产、生活用具的。因为大量的货物检查起来需要很大的工作量，而进站人多、离列车开车时间紧，使得执法人员难以应付，因而往往很少进行细致的检查。

（3）有的贩毒分子不带任何物品两手空空，并在检查区域徘徊。例如许多案例表现出这类嫌疑人熟悉当地检查环境，并能使民警不易产生怀疑；另外当有民警盘问时以送人、找人为借口。这类人员要检查询问其送的人在什么地方，并检查其身上是否有车票。

（二）“闻”

利用嗅觉注意发现特殊气味。

1. 体内藏毒是利用胶囊、避孕套式塑料薄膜等物品包裹毒品，然后吞入体内，因长时间不能进食、饮水，会出现舌苔泛白，口中气味较重（恶臭）等情况。所以在盘查可疑人员时，发现类似特征人员可以分析是否存在体内藏毒嫌疑。

2. 体内携毒者上车后通过观察，感觉安全了，就迅速地从体内排出毒品。大块的用塞的方法携带的毒品，容易排出，小块的吞食进去的毒品，就要用一定的时间。而毒品的排泄，也只能在厕所内进行，比较隐蔽和安全。长时间占用厕所，外面的旅客会有反应，要注意旅客的反映，并迅速进行检查。除注意其他旅客反映外还要注意嗅气味，很多贩毒者在排泄完毒品后，毒品上沾附着很多粪便，一下子不容易清洗干净，留有很大的气味。有些贩毒嫌疑人精神紧张，来不及清洗就放入塑料袋中，因此查缉时要注意嗅气味。

（三）“问”

即当场盘问。充分运用当场盘问的手段，是站车值勤民警发现毒品犯罪、查破案件的基本形式和方法。只有勤盘问，才能主动发现疑点，进而查破案件、抓获嫌疑人。

1. 盘问的基本内容

（1）问姓名、年龄和住址并查验身份证同时查看身份证真伪，是否与持证人一致。通过看证件、听口音，获悉可疑人员其是否来自当前贩毒活动比较猖獗的重点地区，毒贩在雇用“马仔”时一般将其身份证扣押，故体内藏毒者大都使用伪造证件、他人证件或根本没有任何证件。一是应查看身份证是否是其本人的，有很多贩毒分子做贼心虚为了掩饰其是毒品重灾区的人，冒用他人身份证以逃避检查。二是应查看身份证的真假。在查获的案例中，有些贩毒分子为掩盖其身份会制作或购买假身份证件逃避检查。

（2）问旅程目的及去向并查验车票，询问其乘车信息及乘车事由，看出示的车票与问答情况、去向等是否一致，判断乘车事由是否符合客观实际情况。可以通过直观地查看车票始发及到站情况来确定重点检查的对象。

（3）询问其同行人，并查看随身行李物品情况，是否与旅途目的相符。

2. 盘问的方式

盘问讲究科学性和技巧性，盘问的方式多种多样，盘问的方法因人、因事而异。主要有以下几种方式：

(1)例行公事的盘问

主要是在客流量大的情况下快速、简洁地查验身份证、车票，确定是否属于警示所掌握的重点地区人员。通过验票掌握始发及到站情况，确定重点检查对象，要询问可疑对象外出和到达目的地事由、常住地、籍贯、职业技能、目的地等情况，甄别对方答话真伪，分析是否有可能藏毒。

(2)拉家常式的盘问

部分旅客反感、抵触民警的检查盘问，民警可以以询问是否需要帮助，对旅游、经商等可以利用的话题，投其所好地交谈，同时也不露声色地穿插盘问工作目的。这种盘问方式在现实工作中很实用，一是可以和被盘问人拉近关系；二是通过亲近式的交谈，能达到民警的工作目的；同时也为开展其他盘问、检查减少投诉，做好前期工作。

(3)声东击西式的盘问

通常情况下毒贩在出发前就准备好应对民警检查盘问时所要回答的问题，在盘问时不一定能问出破绽。可以先顺着盘问对象的思路询问，在盘问对象毫无戒备的情况下，话锋一转突然询问其他问题，使其措手不及，露出破绽。例如，通常情况下问其所到目的地干什么，如果是务工，工厂在哪等问题，询问从事什么工种，再问该工种的相关知识等检验其所描述的是否正确。对以旅行、经商、走亲访友，但对所旅游的景点和走亲访友的具体地址无从知晓的嫌疑人，应从中发现疑点，攻破其心理防线。

(4)开门见山式的盘问

直接盘问疑点，从对方回答中甄别真相。在发现疑点或盘问对象已经出现一些紧张反应的情况下，连贯、跳跃式的提问更能使对方破绽百出。

(5)敲山震虎式的盘问

针对不避讳往来于毒品重灾区、表明多次被检查的人员,采取直截了当盘问,击破其心理防线,发现揭露嫌疑。

(四)"切"

即对人身与物品的检查。面对警察的盘问,犯罪嫌疑人通常会因畏惧而紧张,表现为脸发白、额头冒汗、扯耳朵、揉鼻子、搓手、手抖、脚颤、双脚不断交叉、语速加快或停顿频繁等。发现查缉对象有紧张反应时,应对随身物品进行检查,如手机、钱包、腰包、挎包等。可根据手机中的号码、钱包里的票据,分析其出行路线;根据携带的物品,判断其生活习惯和社会层次。

1. 基本要求

(1)检查应与盘问相结合;

(2)先人后物、人物分查,查中观察,符合安全及取证要求;

(3)注意对周围无人认领异常物品的发现与检查;

(4)尽可能选择在有视频监控的范围内进行检查。

2. 基本方法

(1)人身检查

针对体外藏毒案件主要有以下检查方式:

①人身检查应使被检查人身体处于不易反抗的状态。

②按照从手掌、腰部(所有腰部的口袋)、腋下、肩部、手臂、背部、头部、口、裆部、大腿、小腿、脚踝、足部的顺序进行检查,注意发现其是否携带枪支、利器等凶器。在盘查时,重点要注意盘查对象的手,防止盘查对象伺机吞食或抛弃可疑物品。

③对被检查人穿着的衣服,要按照各部位从外到内的顺序进行重点检查,先检查衣领、垫肩、衣袖、衣角、口袋、裤腰、裤腿,后检查内衣、内裤、袜子、鞋跟等部位。

④在检查口袋、裆部、腰部、脚踝等易藏匿注射器的部位时,应先用手背试探,确认无注射器后再开展检查,以免被艾滋病人使用过的

注射器扎伤。

针对体内藏毒案件主要有以下检查方式：

①吞服于体内的藏毒嫌疑人通常情况下，一是从外表观察皮肤粗糙、嘴唇干燥、舌苔发青；二是体内藏毒嫌疑人的行李物品中通常会带有止泻药物。

②对疑似体内藏毒的人员，应通过“轻按”其腹部的方式进行检查，有条件的应使用人体透视仪进行检查。

③塞入人体隐私部位的体内藏毒较吞服的人群就更加广泛，涉及农民、工人、学生、经商人士等。通常情况下观察外表、体貌特征、身份、走路的姿态。

④使用人体藏毒透视仪时应首先观察胃部、盆腔、肛门、阴道处是否有异状物。体内吞服毒品海洛因的包装是经过压缩密度大，外用避孕套包装，显现图像为有规则的坨状黑影，四周边缘有亮边；冰毒呈现图像为有规则的细颗粒状且包装的避孕套四周边缘也有亮边；应当注意的是，吸毒人员体内藏毒，由于体质变化，盆腔内的粪便疑似毒品，但不规则且没有亮边，通常情况可以排除毒品可能性。

⑤针对特殊人群吞服体内藏毒时，应首先掌握特殊人群主要指四川西昌彝族哺乳期、未成年儿童携带毒品，或新疆维吾尔族哺乳期妇女携带毒品。这两种人群体貌特征比较明显且经常活动于毒品重灾区之间，接触毒品的可能性也是最大，而且呈阶段性的往返于各地。

检查时必须二人以上实施，检查民警面对被检查人的背部检查，警戒民警注意观察检查人的手和眼神。检查吸毒人员贩运毒品要细致，很多吸毒人员为逃避打击，往往带少量毒品，藏匿较隐蔽，因此首先要看其口中是否有异物，对随身携带的香烟、手机充电器等物品要细查。

（2）携带物品的检查

携带特殊物品，或物品间逻辑关系杂乱，或无逻辑关联的情况要注意检查。

通过对大量的体内贩毒嫌疑人携带的物品进行比较，发现贩毒嫌疑人最爱携带的物品为：

①药品。体内藏毒者，在吞食毒品前，为便于吞服毒品，会使用胃扩张药品，毒品排出后，大部分毒犯感觉胃不舒服，为抑制胃不舒服而经常用胃药，为了防止排便和迅速排便而携带的止泻药及通便药。

②白糖、奶粉、巧克力等高热量、高蛋白、无渣无须直接从大便排出体外、容易被体内吸收的食物。由于利用体内进行贩毒的犯罪嫌疑人，体内存有大量的毒品，因此在旅途中一般不敢随意进食，怕进食后，毒品迅速排出，容易被查到。但因体力的需要，又不得不吃东西，因此，一般以糖水、牛奶、巧克力、糖果等食物补充营养和体力。

③大量的卫生纸、塑料袋、避孕套。卫生纸主要用来擦洗排泄出来的毒品外包装上黏糊的粪便，塑料袋主要用来装已从体内排泄出来的毒品，避孕套主要是为再次吞服毒品而预备的。由于旅途时间长和饥饿的原因需要进餐，加之贩毒嫌疑人上车后感觉安全了，很多嫌疑人上车后都将毒品排出，卫生纸、塑料袋是必须要用的物品。

④口香糖、香水。为掩饰异味可能会携带口香糖、香水等。

⑤佛用物品。请佛用的黄表纸，红布包，小佛像等。大部分毒犯为了使自己贩毒能够平安顺利，出门时都要去烧香磕头，以求平安。

⑥注射器、锡纸等。以贩养吸的嫌疑人，还会带有注射器、吸管、锡箔纸、杜冷丁、三唑仑等物品。

检查物品应注意：

①需要对被检查人携带物品进行检查时，被检物品应放置在被检查人不能触及的距离并侧对被检查人，由民警实施检查，保持物品和检查动作在被检查人的视线范围之内，如检查未发现疑点应协助恢复原状。

②检查物品应按照从大到小、从外到内的顺序进行。检查行李时，注意观察行李外部是否异常，所携带的物品是否与携带人的身份一致。应留意行李中的物品是否有异味，特别是毒品、粘胶和粪便的味道；物品重量是否均匀，是否异常沉重；行李外部体积与内部容积是否一致，是否存在夹层。还应察看固定部件的螺丝、铆钉、缝合线是否

一致,有无被替换和拆开过的痕迹,是否存在不配套的紧固件、缝合线,紧固件本身或周围是否有划痕、是否有暗格、内衬是否柔软、内衬的缝合线颜色、材料是否一致等。

(3)铁路物流渠道运输物品的检查

①运用安检查危仪器和搜毒犬对承运物品进行检查。

②对来自于毒品流出地和中转地的承运物品进行重点检查。

③对运输物品与目的地市场需求明显不符的、运输物品非始发地生产的物品进行重点检查。

五、人货分离运输毒品主要分析方法

为逃避打击,犯罪嫌疑人利用携带行李藏匿毒品时,会采取人货分离的方式,将行李物品放在远离自己座位的地方,使周围人不知道是谁的行李。有的还采取由同伙将行李送上车后下车,双方装作互不认识的模样。在实践中,实践部门总结分析了十二种人货分离查缉方法。

1. 身份不明,持假身份证,身份可疑的(指毒品重灾区的人员);

2. 经常往返于毒品重灾区的(指从毒品重灾区到毒品集散地);

3. 所持车票坐席与身份不相符的(指从表面看经济实力与所持车票,特别是软席乘车不相符);

4. 检查盘问中神色慌张,形迹可疑,且有询问中得到的信息与检查过程中发现的疑点相矛盾的;

5. 毒品集散重点地区与主要毒品流向地的人同行的(指二人以上不同省份的人且又是更易接触毒品的人员);

6. 二人以上所持车票、车次、到站、坐席相同且售票号码相连,自称互不相识的;

7. 对曾经到过的地区和所要到达的目的地不了解、说不清楚的;

8. 行李物品中夹藏有近期托运货物和邮寄包裹的取货凭证的;

9. 托运、邮寄的货物与正常规律不相符的(主要指有些货物价值不高而托运的费用超出货物价值的);

10. 托运、邮寄地点属于掌控的毒品重灾区前往毒品主要流向地的；

11. 携带的银行存折及其他银行票据反映在毒品重灾区有大量现金往来交易或随身携带大量现金，不能说明的；

12. 所持有的通信工具有可疑的短信和通讯录中写有特殊符号和文字表述的。

除了乘警日常查缉毒品以外，铁路警察也应经常组建多支查缉小分队对重点列车、重点区段开展查缉工作。

六、站车公开查缉毒品存在的主要问题

1. 查缉人体藏毒，缺乏法律依据，乘警往往被投诉。特别是高铁的开通，人财物流通的加速，毒贩利用高铁运毒越来越多。因为利用铁路贩毒者，多为体内藏毒，不宜吃食物和多运动，以免毒品过早排出，而高铁速度快、时间短，更有利于携毒。而高铁乘坐人员相对素质较高，维权意识高，乘警怕投诉，一般也很少贴身检查。乘警在查缉上只能使用传统的人工方法（“望、闻、问、切”）。依据《人民警察法》第9条和《铁路法》第48条的规定，对嫌疑人员的人身、行李物品进行触摸式检查，由于执法主体身份不明确，法律依据不充分，缺少高科技查缉设备作辅助，在检查中较易引发执法纠纷、投诉，甚至赔偿。

2. 开包检查，易造成旅客反感。特别是大面积开包、容易形成扰民，而旅客在进站时已经安检，重复检查，旅客有怨言，但不开包检查又很难发现毒品。

3. 利用货运，行包等托运物品藏匿毒品的，如无情报，乘警在工作中不敢随意检查托运的行包及物品，一旦出错极易引起铁路运输合同纠纷。

【新趋势】

构建铁路反恐怖防范工作体系下的站车毒品查缉机制

由于铁路方便、快捷、人流量大且便于隐藏等特点，毒贩更青睐利

用铁路运输毒品。铁路公安原来“大站堵、小站查、车下卡、车上筛”普遍撒网式的站车查缉工作机制，已经不能适应当前日益严峻复杂的毒品犯罪的斗争形势和高铁的迅猛发展形势。

铁路作为国民经济的重要基础设施和人员高度集中聚集的场所，一直都是暴力恐怖袭击的重点目标，当前反恐怖防范工作是铁路公共安全的重要组成部分，2015 年 2 月中国铁路总公司办公厅印发《铁路反恐怖防范基础工作规范》中指出：“铁路反恐怖防范应当坚持常态防范和非常态防范相结合，及时运用新技术、新设备、新手段，做到主动预防、科学管控、高效运转，全力构建站、车、线和重点目标相结合，人防、物防、技防相统一的立体化防控体系。”

目前“以毒养恐，以恐护毒”的“毒恐结合”现象，成为国际犯罪新趋势。在国际上，联合国毒品和犯罪问题办公室下属有专门的恐怖预防部门，研判“恐毒合流”问题。

铁路“点多线长”，在时间空间上具有“大流动、大集中”的特点，决定了铁路公安机关具有无可替代的铁路站车查缉区位优势。而现在铁路公安缉毒与反恐各自为政，既浪费情报信息资源又浪费警力。在当今铁路反恐工作标准普遍提高的情况下，站车毒品查缉一定要借助铁路反恐立体化防控体系，摸索出一条立足铁路实名制购票信息和实货制信息，再结合毒情、恐情开展情报信息分析，以便研判实行毒品查缉的新思路、新方法，为查缉毒品和反恐做出双重贡献，形成具有铁路特色的缉毒新模式。

第三节　站车查缉毒品的现场处置

现场处置的任务是发现和搜集犯罪的痕迹、物证，研究分析案情，判断案件性质，确定侦察方向和范围，为破案提供线索和证据。在毒品案件侦查中，存在着取证难、认定难、证据单一等问题，致使一些毒品案件难以及时地审结,影响了对毒品犯罪分子的打击和处理。因此,民警一定要注意现场处置的证据意识,严格按照公安部制定的《公安机关现场执法视音频记录工作规定》对现场查获处置执法全过程进行视音频记录。严格执行 2016 年 7 月 1 日起施行的最高人民法院、最高人民检察院、公安部联合下发的《办理毒品犯罪案件毒品提取、扣押、称量、取样和送检程序若干问题的规定》和公安部颁布的《公安机关缴获毒品管理规定》。

一、执法程序

(一)查缉原则上由两名以上民警配合进行,民警间应合理分工,明确职责,形成默契,相互策应。

(二)着装民警在执行查缉任务时,应佩戴执勤标志,携带现场执法记录仪,便衣民警应当携带工作证。

(三)询问旅客、站车工作人员时应依法制作《询问笔录》,并附《证人诉讼权利义务告知书》,印证查获经过。

(四)对涉毒嫌疑人制作《当场盘问、检查笔录》。

(五)对涉案物品(如手机、车票等)制作《扣押决定书》及《扣押清单》。

(六)直接负责查缉的民警制作《犯罪嫌疑人归案情况说明》。

(七)乘警在列车上执行查缉任务时,对应办理站车交接的,开具《移交证》。

(八)需要继续盘问并且时限在十二小时以内的,由派出所领导审批,并依法制作《继续盘问审批表》《继续盘问通知书》《继续盘问登记表》及《暂存物品清单》等材料。

(九)继续盘问并制作《继续盘问笔录》。

(十)组织对涉毒嫌疑人进行尿检,制作相关文书报告并及时附卷。

(十一)对符合《刑事诉讼法》第 80 条规定的,应在继续盘问时限内呈报刑事拘留。对符合《刑事诉讼法》第 65 条和第 72 条规定的，患有严重疾病、生活不能自理，怀孕或者正在哺乳自己婴儿的妇女，采取取保候审不致发生社会危险性的，应依法呈报取保候审，对其中符合取保候审条件但不能提出保证人或交纳保证金的，可以依法呈报监视居住。

二、查获处置应当注意：

（一）控制涉毒嫌疑人。对查获的犯罪嫌疑人带械具，防止反抗、逃跑和毁灭证据；对查获体内藏毒的嫌疑人手、裤腿除带械具外，裤脚还应用绳子或胶带扎紧，防止嫌疑人途中排毒造成证据丢失。对体内排毒的犯罪嫌疑人，必须戴手铐、脚镣，并由 2 名以上民警进行排毒。在排毒过程中，办案人员要提高警惕，防止嫌疑人行凶、吞食毒品和异物事件发生。

（二）作案工具的固定。毒品案件查破后，要对运输毒品的工具，藏匿毒品的物品进行拍照固定，在笔录中明确上述工具和物品在毒品犯罪中所起的作用。对查获毒品的包装物，要注意提取指纹，以防止其抵赖狡辩。

（三）车票的固定。铁路站车毒品查缉案中，火车票、汽车票、船票是认定毒品犯罪行为的一项重要证据，要进行提取固定，开展连号票调查，排查犯罪同伙。同时，要对犯罪嫌疑人使用的身份证、住宿票据、存折、银行卡、存取款单据、电话号码本、笔记本等认真进行审查，与案件有关的要进行提取，对毒品犯罪的交易情况开展金融调查，由犯罪嫌疑人签字捺印后附卷。

三、带离处置应当注意的问题

（一）先行查看车票是否有连号（涉及同行人及其他犯罪嫌疑人），如还有同行人未查获，先将其固定在隐蔽、安全场所，待抓捕同行人后，再行带离。

(二)确保犯罪嫌疑人安全。由于毒贩畏罪心理、对抗心理和侥幸心理较重,审查时,侦查员还要提高警惕,严密看守犯罪嫌疑人,严防其伤人、自杀或逃跑。带离现场时,需戴头套,二人以上实施押解。同时,毒品及随身携带的物品由指定专人看管。

(三)带离现场时,尽量行走在人员少,行走路线通畅的地方。

(四)安排其他警力做好周围环境的观察,防止其他嫌疑人在暗中观察。

四、现场提取、扣押、称量、送检毒品程序

(一)提取、扣押

1. 侦查人员应当对毒品犯罪案件有关的场所、物品、人身进行勘验、检查或者搜查,及时准确地发现、固定、提取、采集毒品及内外包装物上的痕迹、生物样本等物证,依法予以扣押。必要时,可以指派或者聘请具有专门知识的人,在侦查人员的主持下进行勘验、检查。提取、扣押时,不得将不同包装物内的毒品混合。现场勘验、检查或者搜查时,应当对查获毒品的原始状态拍照或者录像,采取措施防止犯罪嫌疑人及其他无关人员接触毒品及包装物。

2. 毒品的扣押应当在有犯罪嫌疑人在场并有见证人的情况下,由两名以上侦查人员执行。毒品的提取、扣押情况应当制作笔录,并当场开具扣押清单。笔录和扣押清单应当由侦查人员、犯罪嫌疑人和见证人签名。犯罪嫌疑人拒绝签名的,应当在笔录和扣押清单中注明。

3. 对同一案件在不同位置查获的两个以上包装的毒品,应当根据不同的查获位置进行分组。

对同一位置查获的两个以上包装的毒品,应当按照以下方法进行分组:

(1)毒品或者包装物的外观特征不一致的,根据毒品及包装物的外观特征进行分组;

(2)毒品及包装物的外观特征一致,但犯罪嫌疑人供述非同一批次毒品的,根据犯罪嫌疑人供述的不同批次进行分组;

(3)毒品及包装物的外观特征一致,但犯罪嫌疑人辩称其中部分不是毒品或者不知是否为毒品的,对犯罪嫌疑人辩解的部分疑似毒品单独分组。

4. 对查获的毒品应当按其独立最小包装逐一编号或者命名,并将毒品的编号、名称、数量、查获位置以及包装、颜色、形态等外观特征记录在笔录或者扣押清单中。在毒品的称量、取样、送检等环节,毒品的编号、名称以及对毒品外观特征的描述应当与笔录和扣押清单保持一致;不一致的,应当作出书面说明。

5. 对体内藏毒的案件,公安机关应当监控犯罪嫌疑人排出体内的毒品,及时提取、扣押并制作笔录。笔录应当由侦查人员和犯罪嫌疑人签名;犯罪嫌疑人拒绝签名的,应当在笔录中注明。在保障犯罪嫌疑人隐私权和人格尊严的情况下,可以对排毒的主要过程进行拍照或者录像。必要时,可以在排毒前对犯罪嫌疑人体内藏毒情况进行透视检验并以透视影像的形式固定证据。体内藏毒的犯罪嫌疑人为女性的,应当由女性工作人员或者医师检查其身体,并由女性工作人员监控其排毒。

6. 现场提取、扣押等工作完成后,一般应当由两名以上侦查人员对提取、扣押的毒品及包装物进行现场封装,并记录在笔录中。封装应当在有犯罪嫌疑人在场并有见证人的情况下进行;应当使用封装袋封装毒品并加密封口,或者使用封条贴封包装,做好标记和编号,由侦查人员、犯罪嫌疑人和见证人在封口处、贴封处或者指定位置签名并签署封装日期。犯罪嫌疑人拒绝签名的,侦查人员应当注明。确因情况紧急、现场环境复杂等客观原因无法在现场实施封装的,经公安机关办案部门负责人批准,可以及时将毒品带至公安机关办案场所或者其他适当的场所进行封装,并对毒品移动前后的状态进行拍照固定,作出书面说明。封装时,不得将不同包装内的毒品混合。对不同组的毒品,应当分别独立封装,封装后可以统一签名。

7. 必要时,侦查人员应当对提取、扣押和封装的主要过程进行拍照或者录像。照片和录像资料应当反映提取、扣押和封装活动的主要过程以及毒品的原始位置、存放状态和变动情况。照片应当附有相应的文字说明,文字说明应当与照片反映的情况相对应。

8. 办案人员依法扣押、收缴毒品后,应当在 24 小时以内将毒品移交本部门的毒品保管人员,并办理移交手续。异地办案或者在偏远、交通不便地区办案的,办案人员应当在返回办案单位后的 24 小时以内办理移交手续。需要将毒品送至鉴定机构进行取样、鉴定的,经办案部门负责人批准,办案人员可以在送检完成后的 24 小时以内办理移交手续。

(二)称量

1. 毒品的称量一般应当由两名以上侦查人员在查获毒品的现场完成。不具备现场称量条件的,应当按照规定对毒品及包装物封装后,带至公安机关办案场所或者其他适当的场所进行称量。

2. 称量应当在有犯罪嫌疑人在场并有见证人的情况下进行,并制作称量笔录。对已经封装的毒品进行称量前,应当在有犯罪嫌疑人在场并有见证人的情况下拆封,并记录在称量笔录中。称量笔录应当由称量人、犯罪嫌疑人和见证人签名。犯罪嫌疑人拒绝签名的,应当在称量笔录中注明。

3. 称量应当使用适当精度和称量范围的衡器。称量的毒品质量不足 100 克的,衡器的分度值应当达到 0.01 克;100 克以上且不足 1 千克的,分度值应当达到 0.1 克;1 千克以上且不足 10 千克的,分度值应当达到 1 克;10 千克以上且不足 100 千克的,分度值应当达到 10 克;100 千克以上且不足 1 吨的,分度值应当达到 100 克;1 吨以上的,分度值应当达到 1 千克。称量前,称量人应当将衡器示数归零,并确保其处于正常的工作状态。称量所使用的衡器应当经过法定计量检定机构检定并在有效期内,一般不得随意搬动。法定计量检定机构出具的计量检定证书复印件应当归入证据材料卷，并随案移送。

4. 对两个以上包装的毒品，应当分别称量，并统一制作称量笔录，不得混合后称量。对同一组内的多个包装的毒品，可以采取全部毒品及包装物总质量减去包装物质量的方式确定毒品的净质量；称量时，不同包装物内的毒品不得混合。

5. 多个包装的毒品系包装完好、标识清晰完整的麻醉药品、精神药品制剂的，可以按照其包装、标识或者说明书上标注的麻醉药品、精神药品成分的含量计算全部毒品的质量，或者从相同批号的药品制剂中随机抽取 3 个包装进行称量后，根据麻醉药品、精神药品成分的含量计算全部毒品的质量。

6. 对体内藏毒的案件，应当将犯罪嫌疑人排出体外的毒品逐一称量，统一制作称量笔录。犯罪嫌疑人供述所排出的毒品系同一批次或者毒品及包装物的外观特征相似的，可以按照规定的方法进行称量。

7. 对同一容器内的液态毒品或者固液混合状态毒品，应当采用拍照或者录像等方式对其原始状态进行固定，再统一称量。必要时，可以对其原始状态固定后，再进行固液分离并分别称量。

8. 现场称量后将毒品带回公安机关办案场所或者送至鉴定机构取样的，应当按照规定对毒品及包装物进行封装。

9. 侦查人员应当对称量的主要过程进行拍照或者录像。照片和录像资料应当清晰显示毒品的外观特征、衡器示数和犯罪嫌疑人对称量结果的指认情况。

（三）取样、送检

1. 毒品的取样一般应当在称量工作完成后，由两名以上侦查人员在查获毒品的现场或者公安机关办案场所完成。必要时，可以指派或者聘请具有专门知识的人进行取样。在现场或者公安机关办案场所不具备取样条件的，应当按照规定对毒品及包装物进行封装后，将其送至鉴定机构并委托鉴定机构进行取样。

2. 在查获毒品的现场或者公安机关办案场所取样的，应当在有犯罪嫌疑人在场并有见证人的情况下进行,并制作取样笔录。对已经封装的毒品进行取样前,应当在有犯罪嫌疑人在场并有见证人的情况下拆封,并记录在取样笔录中。取样笔录应当由取样人、犯罪嫌疑人和见证人签名。犯罪嫌疑人拒绝签名的,应当在取样笔录中注明。必要时,侦查人员应当对拆封和取样的主要过程进行拍照或者录像。

3. 委托鉴定机构进行取样的,对毒品的取样方法、过程、结果等情况应当制作取样笔录,但鉴定意见包含取样方法的除外。取样笔录应当由侦查人员和取样人签名,并随案移送。

4. 对单个包装的毒品,应当按照下列方法选取或者随机抽取检材:

(1)粉状。将毒品混合均匀,并随机抽取约 1 克作为检材;不足 1 克的全部取作检材。

(2)颗粒状、块状。随机选择 3 个以上不同的部位,各抽取一部分混合作为检材,混合后的检材质量不少于 1 克;不足 1 克的全部取作检材。

(3)膏状、胶状。随机选择三个以上不同的部位,各抽取一部分混合作为检材,混合后的检材质量不少于 3 克;不足 3 克的全部取作检材。

(4)胶囊状、片剂状。先根据形状、颜色、大小、标识等外观特征进行分组;对于外观特征相似的一组,从中随机抽取 3 粒作为检材,不足 3 粒的全部取作检材。

(5)液态。将毒品混合均匀,并随机抽取约 20 毫升作为检材;不足 20 毫升的全部取作检材。

(6)固液混合状态。按照本款以上各项规定的方法,分别对固态毒品和液态毒品取样;能够混合均匀成溶液的,可以将其混合均匀后按照规定的方法取样。

5. 对同一组内 2 个以上包装的毒品,应当按照下列标准确定选取或者随机抽取独立最小包装的数量,再根据规定的取样方法从单个包装中选取或者随机抽取检材：

(1)少于10个包装的，应当选取所有的包装；

(2)10个以上包装且少于100个包装的，应当随机抽取其中的10个包装；

(3)100个以上包装的，应当随机抽取与包装总数的平方根数值最接近的整数个包装。

对选取或者随机抽取的多份检材，应当逐一编号或者命名，且检材的编号、名称应当与其他笔录和扣押清单保持一致。

6. 多个包装的毒品系包装完好、标识清晰完整的麻醉药品、精神药品制剂的，可以从相同批号的药品制剂中随机抽取3个包装，再根据规定的取样方法从单个包装中选取或者随机抽取检材。

7. 在查获毒品的现场或者公安机关办案场所取样的，应当使用封装袋封装检材并加密封口，做好标记和编号，由取样人、犯罪嫌疑人和见证人在封口处或者指定位置签名并签署封装日期。犯罪嫌疑人拒绝签名的，侦查人员应当注明。从不同包装中选取或者随机抽取的检材应当分别独立封装，不得混合。对取样后剩余的毒品及包装物，应当按照本规定第9条进行封装。选取或者随机抽取的检材应当由专人负责保管。在检材保管和送检过程中，应当采取妥善措施防止其发生变质、泄漏、遗失、损毁或者受到污染等。

8. 委托鉴定机构进行取样的，应当使用封装袋封装取样后剩余的毒品及包装物并加密封口，做好标记和编号，由侦查人员和取样人在封口处签名并签署封装日期。

9. 对取样后剩余的毒品及包装物，应当及时送至公安机关毒品保管场所或者涉案财物管理场所进行妥善保管。对需要作为证据使用的毒品，不起诉决定或者判决、裁定(含死刑复核判决、裁定)发生法律效力后方可处理。

(四)送检

1. 对查获的全部毒品或者从查获的毒品中选取或者随机抽取的

检材，应当由两名以上侦查人员自毒品被查获之日起 3 日以内，送至鉴定机构进行鉴定。具有案情复杂、查获毒品数量较多、异地办案、在交通不便地区办案等情形的，送检时限可以延长至 7 日。公安机关应当向鉴定机构提供真实、完整、充分的鉴定材料，并对鉴定材料的真实性、合法性负责。

2. 侦查人员送检时，应当持本人工作证件、鉴定聘请书等材料，并提供鉴定事项相关的鉴定资料；需要复核、补充或者重新鉴定的，还应当持原鉴定意见复印件。

3. 送检的侦查人员应当配合鉴定机构核对鉴定材料的完整性、有效性，并检查鉴定材料是否满足鉴定需要。公安机关鉴定机构应当在收到鉴定材料的当日作出是否受理的决定，决定受理的，应当与公安机关办案部门签订鉴定委托书；不予受理的，应当退还鉴定材料并说明理由。

4. 具有下列情形之一的，公安机关应当委托鉴定机构对查获的毒品进行含量鉴定：

(1) 犯罪嫌疑人、被告人可能被判处死刑的；

(2) 查获的毒品系液态、固液混合物或者系毒品半成品的；

(3) 查获的毒品可能大量掺假的；

(4) 查获的毒品系成分复杂的新类型毒品，且犯罪嫌疑人、被告人可能被判处 7 年以上有期徒刑的；

(5) 人民检察院、人民法院认为含量鉴定对定罪量刑有重大影响而书面要求进行含量鉴定的。

进行含量鉴定的检材应当与进行成分鉴定的检材来源一致，且一一对应。

5. 对毒品原植物及其种子、幼苗，应当委托具备相应资质的鉴定机构进行鉴定。当地没有具备相应资质的鉴定机构的，可以委托侦办案件的公安机关所在地的县级以上农牧、林业行政主管部门，或者设立农林相关专业的普通高等学校、科研院所出具检验报告。

注意：

1. 扣押、封装、称量或者在公安机关办案场所取样时，无法确定犯罪嫌疑人、犯罪嫌疑人在逃或者犯罪嫌疑人在异地被抓获且无法及时到场的，应当在有见证人的情况下进行，并在相关笔录、扣押清单中注明。犯罪嫌疑人到案后，公安机关应当以告知书的形式告知其扣押、称量、取样的过程、结果。犯罪嫌疑人拒绝在告知书上签名的，应当将告知情况形成笔录，一并附卷；犯罪嫌疑人对称量结果有异议，有条件重新称量的，可以重新称量，并制作称量笔录。

2. 毒品的提取、扣押、封装、称量、取样活动有见证人的，笔录材料中应当写明见证人的姓名、身份证件种类及号码和联系方式，并附其常住人口信息登记表等材料。

下列人员不得担任见证人：

（1）生理上、精神上有缺陷或者年幼，不具有相应辨别能力或者不能正确表达的人；

（2）犯罪嫌疑人的近亲属，被引诱、教唆、欺骗、强迫吸毒的被害人及其近亲属，以及其他与案件有利害关系并可能影响案件公正处理的人；

（3）办理该毒品犯罪案件的公安机关、人民检察院、人民法院的工作人员、实习人员或者其聘用的协勤、文职、清洁、保安等人员。

由于客观原因无法由符合条件的人员担任见证人或者见证人不愿签名的，应当在笔录材料中注明情况，并对相关活动进行拍照并录像。

第四章 信息研判主导精确缉毒

【教学目的及重点】

1. 结合犯罪情报学,了解铁路禁毒情报网络;
2. 实名制信息研判缉毒;
3. 实战查缉毒品案例研判分析。

第一节 禁毒情报概述

由于禁毒工作的艰难性和毒品犯罪活动的复杂性、特殊性,“情报是禁毒工作的生命线”“缉毒工作,情报先行”等已成为世界各国禁毒执法部门的普遍共识和基本经验。在我国当前情报信息主导警务工作的大背景下,情报导侦、情报导防、情报预警和情报主导决策的理念日益深入人心,禁毒情报工作已成为我国禁毒部门的一项重要日常工作。为了推动我国禁毒情报工作专业化、规范化、制度化进程,全面提升禁毒情报分析研判能力、毒品检验科研能力、禁毒实战培训能力,进一步发挥禁毒宏观决策的参谋作用,2008 年 6 月 26 日,建立了公安部禁毒情报技术中心。其主要职责是禁毒情报信息搜集、研究和应用服务，国际禁毒情报交流，毒品检验科研，禁毒先进技术研究，禁毒情报队伍建设，禁毒实战培训等。

一、禁毒情报的概念

"情报"在我国情报学研究中是一个独特的概念。早期我们一般将 information 翻译为"情报"，现在大多将 intelligence 翻译为"情报"，公安情报工作就是公安情报信息工作。禁毒情报是指公安机关的禁毒执法部门通过各种渠道和方法获取并经过分析、研判得出的，用以指导毒品犯罪侦查活动的毒品违法犯罪情况的信息。

二、禁毒情报的分类

根据禁毒情报信息搜集的方法对禁毒情报进行了分类，其分类情况见下表：

情报分类	信息搜集	典型(具体)方法
公开情报	公开手段	媒体、数据库、印刷品、互联网、社会部门(海关、金融、交通、旅馆、娱乐场所等)信息、公安公开检查、巡逻盘查、调查访问、群众举报等
人力情报	秘密手段	特情、阵地控制、卧底、化装打入和逆用人员、跟踪守候、控制下交付等
技术情报	技术手段(秘密手段)	技术侦察手段、通信业务监控分析、刑事技术取证、卫星遥感检测、卫星定位、网络技术、公安内网信息分析等

第二节　铁路禁毒情报常用平台和资源

一、公安网常用信息资源

(一)全国公安综合信息查询系统、公安信息资源服务平台

铁路禁毒情报的获得主要依托公安部八大信息资源库(全国人口

信息、违法犯罪人员信息、在逃人员信息、被盗抢汽车信息、机动车/驾驶员信息、警员基本信息、出入境证件信息和安全重点单位信息),将信息资源进行关联查询以获得情报。铁路民警一般权限的数字证书可以查询简项信息。查询“云搜索”平台、出入境信息等需要高权限的数字证书,需经铁路公安局网安部门或地方公安机关科信、情报研判部门授权。

(二)公安部、省(直辖市、自治区)、设区市三级情报信息综合应用平台

三级情报信息综合应用平台具有较为强大的研判分析功能,分为重点人员动态管控、一键搜、智能检索分析、背景线索联查、网上组合排摸等五大功能模块,可实现对人员、车辆的查询、预警、临时布控,同时还可根据实战需求设置不同的查询排摸方案开展研判分析。公安部情报信息综合应用平台具有特有资源:银行核查记录(如在银行办理开户、5 万元以上存取款交易业务会自动调用公安部人口信息库进行核查,并将调用日志发给查询公安机关)、航班同行人分析;各省(直辖市、自治区)情报信息综合应用平台根据本地实际,还在数据库中集成了网络虚拟账号、民航、电信、交通、婚姻登记、社保、水电、电视缴费等社会化信息。要使用上述平台的功能,数字证书、IP 需经公安部或地方公安机关科信、情报研判部门授权。

(三)全国禁毒信息管理系统

(四)全国指纹信息应用平台

(五)全国 DNA 数据应用系统

(六)全国重大刑事案件信息系统

(七)全国刑事情报信息指导平台

(八)省级、设区市级公安业务信息资源

除公安部、省级常用公安业务系统外,各省(直辖市、自治区)、设区市公安机关还根据当地实际建设了一批公安业务信息系统。实战中常用的有:警务综合信息系统、旅馆业治安管理系统、网吧实名制登记管理系统、社会治安视频监控管理系统(“天网工程”)、道路交通违

法信息查询系统、刑事案件查询系统交通卡口或治安卡口汽车号牌识别与查控系统、警用地理信息系统等。

二、刑侦情报信息共享应用系统(简称"刑侦 SIS 系统")

SIS 系统全称"超级情报系统",由珠海市公安局刑侦支队和珠海市新德汇信息技术有限公司联合研发。是集信息采集、动态预警、情报研判为一体的综合情报平台,主要包括警情研判、高危人群、实用工具、信息采集、话单分析、信息检索等功能。铁路公安局结合铁路实际,从 2015 年 8 月开始,在铁路公安局、各铁路公安局两级刑侦部门开展刑侦 SIS 系统建设,将铁路刑侦专业系统建设整体纳入了全国公安刑侦专业系统和信息化建设体系。该系统实战应用的主要功能和特点:

(一)信息数据高度整合,批量比对

系统数据由三部分组成:一是刑侦专业系统的数据如案例事件、刑事案件犯罪嫌疑人员信息等;二是海量的社会管理资源如旅馆业、网吧、民政、民航、社保信息等;三是非系统性数据如刑事案件犯罪嫌疑人员手机通讯录和电话号码等数字身份信息。系统提供的各种工具集,批量比对。有数据比对、可能关系人分析、外部数据导入等实用功能。

(二)嫌疑人通讯录数据采集

采集嫌疑人通讯录是 SIS 的核心功能,其优势在于:采集速度快、效率高,采集一张电话卡仅需要 30 秒左右;兼容性好,对 GSM、CDMA、3G、4G 卡都能很好地识别,针对苹果等手机的小卡,提供卡托实现转换,操作简单,易学易用;还可采集智能手机微信、微博、QQ 等软件的数据。

(三)话单分析,智能关联

把采集到的通讯录、通话记录清单导入到系统中进行分析统计,找出通话规律和通话人与机主之间的联系,分析次数和时长、新出现号码、消失旧号码、共同关系人、相互通话等内容。同时话单分析关联基站地址,在共享城市将自己的基站数据导入到系统的前提下,可以分析话单在本地之外的轨迹。此外,通过关联检索,话单分析出的数据还可以与

SIS 系统中的数据产生智能检索,实现孤立的系统与数据研判的关联。

(四)视频数据录入和储存

凭借视频数据的录入和储存功能,SIS 就能够储存已有的案件视频信息,与视频监控系统实现数据互访。实现对已有视频数据的智能分析,为民警破案提供重要参考。

按照公安部“刑侦信息专业应用系统”的建设进程,2016 年将在全国建成并投入试运行,其中已将铁路公安刑侦作为一个省级系统列入建设规划。这样一来,将解决全路刑侦情报建设滞后、信息资源不足、应用水平不高等问题。

三、铁路公安警务信息综合应用平台

(一)铁路公安局警务信息综合应用平台

目前,铁路公安局警务信息综合应用平台向全路公安机关开通了查询功能,共有人员查询和案件查询两个平台。各铁路公安局可登录查询全路数据库内的下列信息:

1. 人员查询

(1)违法犯罪嫌疑人查询

违法犯罪嫌疑人主要包括全路公安机关查获的刑事案件违法嫌疑人、一般行政案件违法人、行政简易处罚案件违法人、可疑人员、抓获在逃人员五类人员。输入被查询人员的身份信息(姓名、绰号、年龄段、户籍地、住址、电话号码等)、个体特征(身高、体貌特征、血型、口音、体表标记等)、案件信息(案别、简要案情、作案区段、车次、同案人、登记单位、登记时间等)中的某个字段,可在全路刑事案件违法嫌疑人、一般行政案件违法人、行政简易处罚案件违法人、可疑人员、抓获在逃人员数据库内进行精确查询或模糊查询。

(2)治安重点人查询

2. 案件查询

案件查询分为:刑事案件查询;行政案件查询。

(二)各铁路公安局警务信息综合应用平台

各铁路公安局警务信息综合应用平台系铁路公安局警务信息综合应用平台设在各局的子平台,包含了本局管辖范围内基层所队、业务部门民警在执法办案、日常治安管理过程中采集录入的公安业务基础信息,主要涉及刑侦、治安、国内安保、消防、网络安全、保安(安检)等业务内容,可为刑侦信息化作战提供海量、鲜活的信息资源。

四、铁路视频监控系统

铁路视频监控系统建设与应用在不断深入,随之,视频资料在侦查破案等领域也发挥着越来越重要的作用。但由于铁路各阶段建设的视频监控系统建设时期不同、建设单位不同、技术标准不同、网络通道不同,视频资料成像质量也各不相同。刑侦民警在实战应用中要注意甄别和把握。铁路缉毒常用系统:

1. 线路、车站视频监控系统。主要包括高铁线路、现有普通线路车站,铁路大桥或隧道,铁路沿线基站通讯塔,基站、跨线桥两侧,紧急疏散通道口,部分现有线路重点复杂区段的视频监控点。

2. 旅客列车视频监控系统。铁路总公司已出台标准,部分铁路局旅客列车已装备,正在全路推广建设中。

3. 其他视频监控系统。铁路机关、站段、附属公司、家属区、铁路地区和车站周边商业网点等自建,用于生产、安防的视频监控。

五、中铁快运物流寄递信息系统

可查询包裹物流的名称,发到站,寄件人、收件人地址、姓名和手机号码等信息。

六、铁路公安实名制(Real-name System for Ticket)信息综合分析系统

2012年1月1日,铁路全面实行了实名制购票、验票乘车制度。

据统计,全国每天大约有500余万旅客乘坐火车,每年可获取数亿条旅客身份信息,庞大的实名制数据为铁路公安机关扩宽情报信息来源提供了有利支撑。从近年来刑侦信息化实战应用来看,实名制数据已成为铁路公安最有行业特色的信息资源和研判工具,在侦查破案、站车查缉、刑事防范、阵地控制等警务工作中发挥了重要作用。目前,铁路公安实名制信息综合分析系统可查询2012年1月以来全国火车实名售票(包含车站、代售点售票、互联网订票、电话订票)的数据。根据权限不同,使用数字证书登录系统后,可查询以下内容:

(一)乘车轨迹查询

输入乘车时间段和乘车人姓名,可查询乘车人在特定时间段内乘车日期、乘车时间、票号、车次、发站、到站、车厢号、席别、座位号、票种、售票窗口、操作员代号、售票时间等信息。

(二)车次站站查询

输入乘车日期和车次、发站或到站名称,可查询特定时期特定车次特定发站或到站的旅客购票信息。

(三)同行乘车人员查询

输入乘车时间段和乘车人姓名,可查询特定时间特定车次,与乘车人同时购票的同行旅客信息。

此外,该系统高级权限还有关联查询、批量比对、比对结果查询、导出EXCEL等扩展功能。高级权限需报请铁路公安局网安部门授权。

七、互联网信息资源

部分铁路禁毒情报的获得依赖于互联网信息资源,而互联网信息资源主要来源于阿里巴巴云、360系统及腾讯QQ、微信等即时通讯平台。随着互联网行业的迅猛发展和手机等移动通讯工具的普及运用,人们在网上购物、物流发送货物、即时通讯平台上交流发送信息等活动都会在平台上留下大量真实准确的信息。尤其在网络贩毒泛滥的今天,利用互联网平台数据进行深度研判为精确打击贩毒犯罪活动提供了强有力的支撑。

第三节　铁路涉毒案件信息研判

一、铁路涉毒案件信息研判的队伍

铁路公安机关于2014年在铁路公安局、各铁路公安局、铁路公安处建立了三级刑侦情报信息研判机构和专业研判队伍。专门负责信息化作战工作,是专业的铁路涉毒案件信息研判的队伍。

二、铁路涉毒案件信息研判的任务

(一)开展形势研判

对铁路涉毒案件信息的形势研判是指对较长时期总体毒品犯罪案件发生、发展的规律和特点进行的综合分析。主要包括毒品犯罪案件发生总量、类别分量的同比和环比;发案相对突出的类案及呈现出的危害程度、规律、特点;发案相对突出的区域、地域、领域特点;主要携毒手段及发展趋势;打击防范方面存在的薄弱环节;影响因素及成因分析;汇总研判涉毒犯罪模式,以提出应对措施和意见。

(二)开展常规研判(涉毒活动动态分析研判)

对铁路涉毒案件信息的常规研判是指结合公安部通报、铁路公安警综平台及本局站车查缉情况,定期对涉毒犯罪活动进行分析研判。分析流向性、地域性、季节性、主要人群及作案手段等规律特点,是对毒品案件基本规律、特点的定期分析。主要包括旬、月、季度涉毒案件分析,重要时期、重大行动前的毒品案件分析,季节性毒品案件动态分析,对毒品案件阶段性规律、特点的随机分析等。从中总结规律、分析特点、查找问题、剖析成因,制定相应措施,为针对性部署查缉工作提供依据。还包括定期撰写、发布《年、季度、月毒品犯罪动态》,适时发布《重点区段、站车毒品犯罪动态》等研判分析通报,指导各级禁毒部门开展专项打击行动。

(三)开展专案研判

对铁路涉毒案件信息的专案研判是指对具备"深挖扩线"条件的案件开展针对性分析,主要围绕涉案场所、涉案人员、作案形式、组织分工、销赃渠道等开展关联研判:甄别骨干分子、纠查团伙成员、筛查涉案窝点、核查涉案物品来源去向、判定抓捕对象和抓捕时机等。

(四)开展对象研判

对铁路涉毒案件信息的对象研判是指对重点人群或人员开展轨迹分析。

(五)开展实名制应用研判

开展精确积分预警,对实名制数据信息进行实时统计、系统分析、职能报警,发现嫌可疑人员,实行目标分类预警。开展全面关联碰撞,在全面搜集各类违法犯罪等重点人员的基础上,实时与实名制开展碰撞,发现一批重点人。开展定向研判,根据安保任务需要,设定相关检索条件,发现有价值的情报信息。

三、实名制信息的研判方法

铁路售票实名制所产生的乘车人信息具有海量、动态、鲜活的性质特点,准确、形象地描绘了乘车人员的流动轨迹。其信息不仅给公安机关定位乘车人员行踪轨迹提供了精确指向,还为反恐维稳、侦查破案、治安管理等警务工作实现了"前期预警、中期控制、后期追踪"的目标,为铁路公安基础信息化建设和刑侦信息化作战提供了强大支撑和后发优势。乘车人员实名信息已经成为铁路公安最具有行业特色的、不可或缺的信息源。实名制信息应用研判常用方法如下:

1. 重点比对分析。已知违法犯罪人员身份信息,经与实名制数据进行比对碰撞后,可获取其乘车信息、乘车轨迹。对于需要查控、抓捕的人员,可发布预警信息组织查控或抓捕。对于乘车信息、乘车轨迹指向不明的,可进一步开展研判。

2. 同行人筛查分析。一是根据系统"同行乘车人员查询"功能发现违法犯罪嫌疑人的同乘人员,分析其轨迹特点,摸排涉案线索。二是调取整车数据,通过票号、购票窗口、操作员代号、售票时间等信息筛查相邻购票人员。

3. 乘车频次分析。根据旅财、查缉案件的不同特点，调取一定周期内的重点区间、车次数据，对频繁乘车人员进行关联分析。

4. 乘车时间分析。分析某个特定时段，如下半夜、站车防控力量较为薄弱时段的乘降信息；分析到达目的地后，立即乘火车折返，停留时间很短且呈现规律性的人员。

5. 乘车区间分析。对某个特定发站或到站、区间往返人员进行关联分析，可筛查重点发案区段的重点人员，还可对高危地区的乘车人员，特别是户籍属于高危地区的人员开展重点研判。

6. 整车模糊查询。调取若干趟列车的整车人员数据，利用比对工具或 excel 数据筛选功能，对乘车人员进行比对查重，筛查呈现重点人员。

7. 关联拓展分析。一是旅客订票、购票、进站、出站对应有电话、电子邮箱、支付账号等身份信息和相关视频资料，可根据这些关联信息开展研判。二是运用进出站周边环境信息，如住宿、网吧登记、社会治安视频监控、公交（地铁）乘车、银行 ATM 取款或商业网点银行卡消费信息等进行关联分析，扩大线索来源。

【实训知识】

在运用实名制信息研判的注意事项

1. 目前铁路售票实名制数据暂未实现实时推送，实际应用中数据滞后时间一般为 30 分钟至 1 天。

2. 缺少窗口、网络的退票数据，部分旅客乘车信息可能缺失或缺项。为稳妥起见，对于比较重要且紧急的研判对象，可协调发售站所在铁路局的售票信息系统进行查询核实。

3. 网络订票的关联虚拟账号、电子邮箱、支付账户，电话订票的姓名、电话等身份信息需向铁路公安局网安处申请查询。

第四节　涉毒嫌疑人的研判方法案例

涉毒人员的研判一般有两个途径：一是通过站车查缉查获携带毒

品，通过研判分析深挖案件线索，开展延伸打击；二是通过对涉毒高危人群的分析研判，发现涉毒案件线索，立线经营，开展延伸打击。

利用实名制售票数据、涉毒重点人员动态管控系统、吸毒人员动态管控系统以及警务信息综合平台进行分析比对、查询，建立起涉毒情报预警机制。接收预警信息后，要按照预警级别组织警力开展针对性查缉、管控工作。根据动态分析研判，按照流出地、流入地和中转地的不同，应结合重点车次、时段、重点人群等因素，有侧重地开展查缉堵卡。同时，要及时反馈处置情况，以便深度研判。对筛查出来的可疑涉毒信息，要指定专人逐条进行落地核查、循线追踪、精确打击，围绕重点站车全面布控，既不侵犯乘客人身权利又严厉打击毒贩，实现毒品查缉工作精确到点，定位到站、到车、到座，成功斩断运毒通道，为铁路公安公开查缉毒品创造一种新方法。

涉毒嫌疑人的研判方法流程图如下：

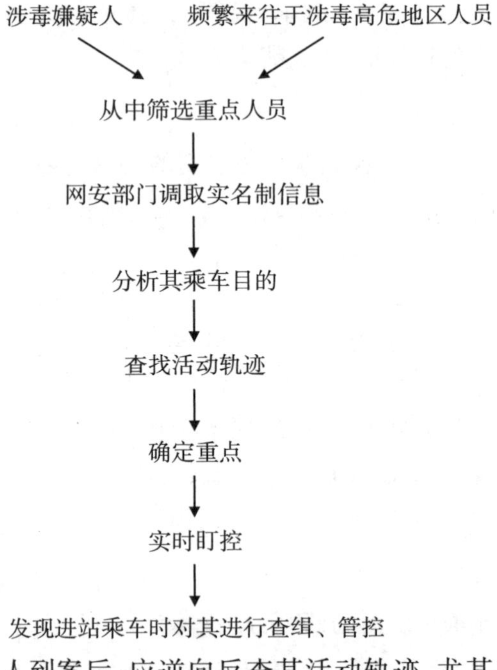

犯罪嫌疑人到案后，应逆向反查其活动轨迹，尤其应关注其同行人员、同住人员、同时上下网人员、异常时段电信联系人员、银行账户

资金流水等方面的情况，进一步扩大战果。

一、针对已查获嫌疑人的研判

对已查获的涉毒嫌疑人，可按照车站、列车上刑事案件犯罪嫌疑人员的一般方法开展研判工作。同时，根据涉毒犯罪活动的特点，还要重点开展以下研判：

一是收集数据信息，海量数据碰撞。在查获涉毒嫌疑人后，采集犯罪嫌疑人所用手机通讯录、被抓获前的通话清单、手机短信等通讯资料，应将其分门别类录入专业分析工具（SIS 系统、禁毒情报分析 DIAS 系统等），通过联系人、联系频率、时长初步分析确定一批可能的嫌疑人。

二是针对可疑对象，分析涉案嫌疑。对于初步分析出来的可疑对象，通过大情报、实名制信息和社会信息资源调查重点对象本人及重点关系人的社会背景、活动轨迹和相关信息，进一步确认可疑对象的涉案嫌疑。核查过程中，不仅要核查重点关系人本人，还要扩展至少两层关系，对其中的重点关系人也要进行核查。

三是跟进侦控措施，开展立线核查。通过网络安全、技术侦查手段，核查重点对象的关系网及活动轨迹，结合通话、上网、住宿、车辆等信息进行关联拓展，综合研判嫌疑人及关系人居住房屋、交通工具产权、银行账户资金流动、毒品存放点和加工点等情况。

四是审查工作要根据团伙成员的纠集形成、每次毒品交易具体经过、毒品来源、运输途径、加工过程、储存方式、毒资流向及上线情况等内容，逐项核查分析，进一步调取涉案嫌疑人银行账号、固定资产、手机通话资料、嫌疑人交易毒品地点视频监控录像等相关资料。印证嫌疑人供述的犯罪事实，使各证据间形成完整的证据链条，确保依法打击处理犯罪嫌疑人。

A 公安处运用实名制、大情报和 DIAS 系统破获公安部毒品目标案件

2013 年 3 月 18 日 6 时，M 所查获一名男子携带毒品海洛因

205.4 克。通过一年多的审查深挖和专案经营，某处禁毒支队掌握了一个由朱某(女，汉族，云南盘县人)等多名盘县籍人员组成，从云南购入毒品经盘县中转运往贵州分销的五级特大跨省贩毒网络。该案于2014 年6 月6 日被确立为公安部毒品目标案件。7 月26 日，专案组在云南昆明将朱某等2 名主犯抓获。同时联合贵阳、六盘水市公安机关，抓获另外16 名涉毒同伙(其中一线人员4 名，二线人员7 名，三线人员5 名)，缴获毒品海洛因2717.5 克，毒资25 万，车辆4 台。

一是分析归纳，找准涉毒人员规律建模型。A 处在成都局及地方各级禁毒部门的支持下，获取了大量毒品案件资料，并针对管内实际情况归纳总结出涉毒重点嫌疑人的共性。第一点共性：重点人员来源地：贵州织金、纳雍、大方、黔西、毕节地区等。第二点共性：重点人员年龄以18～36 岁为主，绝大多数为农村人口，文化程度以初中、小学居多。第三点共性：运输毒品嫌疑人往往成群结伙的较多，其交往人员、亲戚朋友中往往有涉毒前科人员。第四点共性：到达云南省后2～5 天内返回，返回时大多会化整为零、分散行动。第五点共性：利用铁路运输毒品以人员体内带毒或人货分离的方式居多。通过以上分析并不断总结完善涉毒人员的规律，建立了研判对象的基本模型，找准了涉毒人员分析研判的关键点。

二是研判分析，预警布控。根据上述研判思路，对实名制信息中符合共性条件的人员信息开展数据碰撞，及推送比对结果，部署基层所队开展重点查缉。刘某被查获就是通过研判分析，将此人乘车信息推送到所队开展重点查缉，为公安部目标案件获取了重要线索。

三是综合运用信息化平台，强化研判分析和专案经营。专案组在长达一年多的时间里，充分运用大情报系统、禁毒 DIAS 系统及贵州、云南省警综平台，在不惊动犯罪嫌疑人的情况下，逐步摸清了贩毒网络涉案人员、层级结构、涉毒资产及活动轨迹情况，为固定证据、人毒并获、彻底摧毁贩毒网络奠定了坚实的基础。

二、针对高危地区、高危人群的研判

针对高危地区、高危人群的研判主要有两种形式：一是通过实名制数据与涉毒信息库人员进行碰撞比对，开展预警查控；二是通过实名制信息研判方法，对涉毒高危地区籍人员进行模糊查询，筛查发现重点嫌疑对象。筛查中对从高危地区经过或者始发的列车下车的旅客，特别是后半夜从上述地区偏远小站上车的，或者后半夜到达下车的高危人员进行重点核查。

【案例】

B公安处侦破号公安部毒品目标案件

2014年2月10日，T381次（上海至昆明）列车乘警在对旅客信息开展查询比对时，发现一名持东安至昆明车票的湖南籍男子谭某除携有本人身份证外，还有一张“李某”的身份证，但未携带可疑物品。鉴于谭某来自涉毒重点地区，并持有他人身份证，乘警采集并上传了两张身份证信息。

一是抓住查缉疑点，网上作战挖线索。一线民警牢固树立线索意识，为禁毒专业部门积累点滴线索，充分运用网络信息查询布控，为积极开展网上作战奠定了扎实的基础。B禁毒支队将谭某及所持“李某”身份证列为重点关注对象，通过DIAS系统发现“李吉军”于2月12日在昆明购买一辆福田牌皮卡车，落户牌照为云AA3R63。经高速公路卡口轨迹查询，此车在中缅边境勐海县一带频繁活动，有重大贩毒嫌疑。

二是预警布控，设卡堵截查获嫌疑人。通过大情报平台车辆卡口系统布控，侦查员在昆玉高速公路设卡拦截，抓获嫌疑人谭某等2人，当场于车后座缴获冰毒27.167千克。经赴户籍地湖南永州开展调查取证工作，发现系以谭某为首的湖南永州籍人员互相纠集，筹集巨额毒资，采取自驾车方式，从云南边境购得大宗毒品后，运输到湖南进行贩卖的特大跨省贩毒团伙。5月6日，被公安部立为毒品目标案件。

至此,该案通过网上作战和延伸侦查,有效地将研判线索转化为专案侦查。

至2014年10月,该案经过顺线延伸,长线经营,辗转3省8市,历时243天,共抓获贩毒人员19名,缴获冰毒177.167公斤、毒资11万元、运毒车辆12台,成功打掉一个以湖南永州籍人员为主,采取自驾车方式从云南边境运毒到湖南境内的跨省特大贩毒团伙。

三、针对高危地区物流寄递渠道的研判

对行包房、寄存处、货场、物流等发运和终到的票据进行分析研判,从托运人、联系方式、货物流向、承运品名及种类中梳理出可疑点。例如,从云南、四川、贵州、广东、广西、湖南、湖北、辽宁、吉林、黑龙江、新疆涉毒重点地区的发货托运单,有可能"人货分离"的,上述高危地区同一托运人或同一联系方式分别以不同品名向不固定终到地发运货物的,对发、收货地址,发、收货人手机号码都要深入研判分析。核查发、收件人的真实身份、地址的真实性,通过手机基站位置甄别收货地址与收货电话是否同一区域,深挖涉案线索。

当今信息通信高速发展,刑事斗争形势非常严峻,犯罪分子作案手段日趋智能化、专业化,由案到人的粗放型的传统侦查方式受到了严峻的挑战。按照部局关于进一步创新刑事打防战法,全力夯实查缉防线,大力普及网上作战,全面提高刑事打击和破案攻坚能力的要求,不仅要认识到传统的侦查方法已不能适应严峻斗争形势的需要,更要认识到搞好以信息采集分析、数据研判为代表的新刑侦基础工作是把握打击犯罪主动权的战略性举措。各铁路近年来大力开展科技强警工作,利用手持移动设备警务连通涉毒、前科人员预警系统、综合式数据查询分析平台,结合有刑事犯罪嫌疑前科人员预警系统开展工作后,更是如虎添翼,由人到案的新型侦查方式已初见雏形。

互联网必将成为公安工作的主战场和打击违法犯罪活动的主阵地。在将来的刑事打击工作中,形成刑侦、技侦、技术、网监等多警种

协同作战的大刑侦整体作战格局是必然趋势。而信息采集分析、数据研判则是将现场勘验、走访调查、特情物建、阵地防控等传统手段与技侦跟控、通话查询、银行交易、DNA 生物分析比对、指纹信息比对等高科技手段相结合的重要纽带。大量且详实的信息数据将大大提高案件侦破的效率。贵州特大运输毒品案的破获正是通过刑嫌人员信息与实名制售票系统信息进行碰撞,呈现出重点嫌疑人之后,从容布置,提前设网,适时抓捕,当犯罪嫌疑人进入火车站区域时就已经决定了其覆灭的命运。

与地方信息资源共享是信息作战的发展方向。随着科学技术不断发展和地方经济投入不断加大,地方公安机关已经建立起较为完善的警务信息网络,如违法犯罪人员信息系统、SIS 情报分析系统、各省警用综合系统,并且随之创造了许多新的技战法。铁路公安机关虽然也陆续建成了包括货盗视频监控、指纹采集比对等信息系统,在侦查破案方面发挥了重要作用,但与地方公安机关相比还有很大差距。只有不断建立健全具有铁路特色的警务信息系统,才能在与地方警务信息共享、协作中争取主动,才能改变目前许多案件还是靠“海捞排查的传统做法”,才能不断丰富铁路刑事侦查手段和技战法。铁路公安在实战中需要总结出铁路实名制分析站车缉毒新战法。

四、分析 C 公安处侦破“6 · 1”运输毒品专案成功侦破的启示与思考

在该案中网安部门通过实名制售票信息系统查询和毒品违法犯罪信息库对比筛选出的信息,发现吸毒人员刘某频繁乘坐火车往返于西宁、格尔木之间。某公安处通过外围摸排,发现其有重大运输、贩卖毒品的犯罪嫌疑。通过局网安部门协作,发现 2013 年 5 月 31 日刘某将乘坐火车前往西宁,经分析判断,认为刘某此次前往西宁有购买毒品的重大嫌疑,C 公安处便对刘某实施严密侦控。但是犯罪嫌疑人刘某和另一犯罪嫌疑人王某为逃避铁路公安机关严密的站车查缉,后乘

坐汽车返回格尔木，警方当机立断，决定在犯罪嫌疑人回程时进行抓捕并当场查获海洛因 20 克。后经青海省公安厅刑事技术科学管理中心检验鉴定，查获海洛因实际重量为 20.9267 克，刘某、王某二人对运输毒品的犯罪事实供认不讳。

【本章小结】

信息导侦是新形势下刑事打击工作的必由之路。在下一步的缉毒工作中应发挥铁路公安机关查缉优势，围绕重点站车全面实名布控，运用情报研判、多方联动、精确打击的站车查缉毒品新机制，实现信息研判与站车查缉相结合、铁路实名制信息与地方大情报相结合的新模式，为我们铁路禁毒工作开创了新思路。

【实训作业】

1. 结合铁路“××年度全路十大优秀案例评选活动”参评案例，评析信息研判缉毒案例；

2. 模拟站车查缉毒品实战，进行实名制研判精确查缉涉毒犯罪嫌疑人。

第五章　铁路毒品案件的延伸侦查

【教学目的及重点】

1. 延伸侦查案件的条件；

2. 专案侦查；

3. 诱惑侦查；

4. 控制下交付。

第一节　延伸侦查的概述

一、毒品案件延伸的概念、意义

（一）概念

毒品案件延伸是指民警在站车查缉中发现有关线索或查获毒品，在保密的前提下对毒品或有关人员进行严密监视、控制，按照毒品犯罪分子事先计划或约定的方向、路线、地点和方式，顺其自然，将其毒品“交付”最终接货人。同时，积极开展逆向侦查，对“上线”进行调查、实施抓捕，将涉及的所有犯罪分子一网打尽的整个侦查过程。

（二）毒品案件延伸的意义

1. 案件延伸是打击贩毒活动的有效手段

贩毒活动是一个连续不断的过程，毒品从产地出发,要经过许多反复的买卖分销,最终才能到达吸毒人员手中。案件的延伸就是针对这种特点,在每次成功破获运输毒品案件后,根据具体的案件情况,及时进行延伸,扩大战果,抓获更多的毒犯,摧毁覆盖面更广泛的贩毒网络。

2. 通过组织案件延伸,可以打击处理主要的贩毒人员和真正策划实施贩毒活动的幕后组织者和毒枭。

随着禁毒战争的深入开展,毒贩具备了一定的反侦查能力。在实施工作中,从事贩毒活动的主要毒贩,特别是藏在幕后策划贩毒活动的毒枭,一般不会亲自出马具体实施走私、运输、贩卖毒品的行为。走私、运输毒品的人,大多是毒贩雇佣来的“马仔”,相互之间主要实行单线联系。公开查缉中现场抓获的犯罪嫌疑人大多数都是“马仔”。在抓获“马仔”后,必须通过组织实施案件延伸,才可能进一步发现隐藏在幕后的毒犯,抓获真正的毒枭。

3. 通过组织案件延伸,可以发现更多的案件线索。

经过多年的发展,毒品的流通渠道已经形成了一个庞大的、盘根错节、极其复杂的地下网络。毒品从产地出发,经过各种各样的地下网络渠道流向境外、境内,这些地下网络互相交织、错综复杂,通过组织案件延伸,在延伸的过程中可以不断地发现新的地下网络,发现新的案件线索。

二、毒品案件延伸的方法

在毒品流通渠道里延伸案件,就是在贩毒网络里,根据毒品继续流通的方向或者是毒品的来源,顺藤摸瓜进一步扩大战果,查清贩毒网络的基本情况,搜集更多的犯罪证据,抓获更多的毒品犯罪分子。根据毒品的继续流通方向或者是毒品的来源,案件延伸方式可以分为顺线延伸、逆向延伸。

1. 顺线延伸就是根据毒品继续流动的方向延伸下去,查清接受、购买毒品的“下家”,获取证据,在时机成熟时抓获购买、接受毒品的

“下家”。

2. 逆向延伸就是根据毒品的来源，逆向查清出售、发出毒品的“上家”。在实际操作中，逆向侦查往往需要通过案件串并来实施。因为大部分“上家”与运输毒品的“马仔”是通过他人介绍、互相利用的，彼此之间并不认识，且实行单线联系，甚至出现由接货人主动联系“马仔”的情况，给逆向侦查的实施带来一定困难，甚至无法延伸操作。

第二节　延伸侦查的实施

一、延伸侦查案件的线索来源

（一）铁路站车查缉中获取延伸案件线索

（1）站车查缉查获嫌疑人后，通过审查获取。

（2）站车查缉查获可疑物品后，查明来源及去向后获取。

（3）通过调取、分析嫌疑人及同行人轨迹后获取。

（二）查获的行包托运案衍生的线索

从铁路行包托运、集装箱查获的毒品，实施以货找人。随着站车查缉和打击毒品犯罪力度的加强，越来越多毒贩采取“人、货”分离的运输方式，通过物流公司托运毒品将成为开展延伸侦查的重点缉查目标。

（三）通过实施案件分析串并后获取

在实践中，幕后操作的贩毒组织者，为确保毒品安全运至目的地，往往采取安排不同“马仔”在不同时间分批量运输毒品，彼此之间还实行单线联系。因此，在工作中我们可以通过对不同案件的综合分析和对“马仔”供述中出现的相近（相似）的“上线”（介绍人）姓名、绰号（如“芬姐”“芬子”）和对通话清单出现的相同手机号码的串并获取线索。

（四）特殊行业（如火车站周边旅馆业）提供的特情、群众举报提供的线索

（五）通过其他公安机关、部门情报交流获取的信息

二、为延伸侦查创造条件

（一）查清嫌疑人身份和主要犯罪事实

尽快查清基本犯罪事实，及时固定相关犯罪证据。判断系团伙犯罪的，应及时通过“DQB”平台、视频监控系统、实名制购票信息发现同行人或关系人，并及时进行抓捕。第一时间固定、提取进站口、候车厅、售票厅、站前广场等区域的视频信息，通过查明车票连号等方式，发现查获对象的同行人员或疑似跟踪监视人员。

（二）突击审讯嫌疑人

在毒品案件中，犯罪活动往往有其幕后组织者，一般有专门的押“货”人盯随，毒贩一旦被查获，押“货”人便设法脱逃，随后向幕后“老板”通报情况，所以案件极易败露，线索有可能立即中断。因此，在抓获犯罪嫌疑人后，要组织审讯能力强、经验丰富的民警立即进行突审，获取线索，并收集和固定证据。

1. 首先应采取有效策略，研究嫌疑人的心理状况，善用政策攻心、打破幻想、加强教育、抛砖引玉等策略，找准突破口，快速组织审查，及时查清部分或全部犯罪事实。

2. 在最短时间内突破查获人员口供。

查清毒品的来源、去向、流通渠道、“上家”“下家”及参与犯罪活动其他成员的基本情况、实施犯罪活动的路线、时间、交付方式和通讯联络方式、暗号等犯罪事实。还要尽可能收集掌握犯罪嫌疑人犯罪动机等主观方面的情况。

（三）全面分析研判

及时采集犯罪嫌疑人手机通讯信息，调取通话清单，结合情报平台信息，验证犯罪嫌疑人交代情况，促使犯罪嫌疑人全面交代，彻底查

清案件真实情况。因为往往毒贩乘坐的车次、上车时间、到达目的地时间等信息是被“老板”掌握的。火车开动后“老板”往往会主动跟毒贩联系，一旦联系不上或是毒贩说话反常、声音颤动、语无伦次，幕后“老板”就确认为事情败露，案件线索立即中断。所以侦查员只有利用毒犯进站到上车的时间快速地开展工作，争取时间获取线索，重点研判上、下线是否已惊动，有无打入、拉出、贴靠侦查的条件，能否对其实施调动抓捕，涉及哪些地域需要协作配合。在嫌疑人转为我用后，在第一时间安排其与同行人、“上线”“下线”（介绍人、家人）报“平安”，和保持正常通话联系，防止引起其他毒贩怀疑。其间应避免泄露侦查手段和目的，并将联系情况用录音、录像等侦查设备予以记录，在诉讼期间作为不公开证据使用。

（四）制定周密的侦查方案并组织实施

通过研判认定具备延伸侦查条件、决定开展延伸侦查的，应当立即抽调刑侦（禁毒）、技侦、刑事技术、网安、特警等部门人员组成专案组，制定周密详细的侦查计划，分工负责、相互配合，充分利用技术侦控、跟踪监视、化装侦查等措施实现侦查意图。

（五）信息上报，申请专案

决定开展延伸侦查后，应逐级向公安局、铁路公安局报备专案申请。

三、延伸侦查的条件

1. 查获案件的基本犯罪事实已查清。

2. 有相对明确的上、下线，侦查意图和侦查措施尚未暴露。

3. 有可预期的战果目标。对延伸侦查的抓获数、缴获数及打击效果进行初步预判，判断是否具有延伸侦查或长期经营的价值。（通常是贩毒的数量比较大，属于大宗贩毒案件、团伙贩毒案件。）

4. 能有效采取侦查措施和手段，保证人员、“货物”安全。有把握控制住已经抓获的毒贩，使其不致“反水”；能够控制已缴获的毒品运输动向，确保其在运行过程中不致出现意外；有实施控制下交付的条件。

5. 符合法律法规有关规定。案件的管辖，采取的侦查措施、手段应符合法律法规规定；必要时，提前报上级公安机关指定管辖或商请同级检、法两院提前介入。

四、毒品案件延伸的具体方法

（一）对于有犯罪嫌疑人的案件延伸

1. 根据突击审讯的结果，及时展开力所能及的调查工作，如请求延伸地公安机关协查"上线""下线"的自然情况、住所、活动范围和其他涉案人情况。然后，通过对案件情况和犯罪嫌疑人心理的综合分析制定延伸侦查方案，明确侦查方向、侦查范围及专案工作组成员；细化措施、组织分工和工作制度。

2. 调取和分析嫌疑人的通话清单（含短消息），掌握其在贩运毒品过程中相互联系的证据，筛选出涉案的重点号码，有必要采取技侦手段的办理相关手续。

3. 对近期案件进行综合分析，从嫌疑人自然情况、毒品的来源、包装和运输途径、交易方式等方面，查找共同点和相似点，为案件串并提供条件。

4. 对嫌疑人持有的涉案银行卡交易记录及资金来源进行查询。综合分析判断其在贩毒集团扮演的角色、信誉度等。

5. 重大、复杂案件，邀请检察院、法院的负责人提前介入了解案情，实施监督。

6. 办理毒品押运等相关手续，与毒品途径地、毒品交付地的警方联系，取得配合。

7. 部署侦破力量实施延伸侦查的方案。

（二）利用行包（物流）托运运输毒品案件的延伸

1. 在行包房查获现案后，立即上报信息，组织专门力量根据托运单记录的信息，在第一时间查找办理托运手续和代办托运手续的人员，适时抓捕涉案人员，做好相关取证工作。在列车上查获时，立刻控制持有托运单的嫌疑人并上报信息，由值班领导安排专人前往行包房（物流公司）查实是否夹藏有毒品，货物已发出的，联系列车行李车（物流公司）负责人对夹藏毒品的行李予以控制。

2. 调取和分析相关电话的通话清单，收集其在贩运毒品过程中相互联系的证据，有必要采取技侦手段的应办理相关手续。

3. 在确定具备延伸侦查条件的基础上进行综合分析。根据托运单上反映的联系电话，对尚未发出的行李，取出和替代托运行李中的毒品，重新包装行李；同时安排专人押解毒品，按照原渠道运输（采取汽车运输的，安排侦查员扮演汽车司机或押运员的角色），实施“以货找人”或“控制下交易”。对已经发出的暂扣行李，创造条件赶赴目的地，实施控制下交易。

4. 在交货之前进行监控，交货时通过录像或其他证据，确定和抓捕取货人。破案后，第一时间对嫌疑人进行突审，根据突审情况对相关场所进行搜查，对其他涉案疑犯进行抓捕。

5. 对发件人使用虚假姓名、地址，无法抓捕归案的，保留线索和相关物证。

6. 对举报、控告或者特情提供的线索，首先要通过各种渠道对线索的真实性、可靠性进行审核，排除“投石问路”“声东击西”的可能。重点审核举报、控告或者特情提供线索的目的。

对举报的寄存夹藏毒品的行李案件，一般采取调查住宿登记、查明主体身份以及蹲点守候的方式，抓获前来取行李的嫌疑人，进而开展进一步延伸调查。

（三）对延伸到制毒阶段的案件，可采取侦技同步措施

应组织刑事技术人员与侦查员一同参与案件的侦破，对工作现场用于制造毒品，特别是冰毒所用的工具、化工品原料直接进行认定，并对制毒现场搜查中获取的各类涉案物品进行鉴定。如此既使涉案人员面对铁证时无言诡辩，同时也为该案在起诉、审判阶段的顺利进行提供了坚实的证据基础。技侦同步的措施对毒品犯罪的侦查具有很

大的帮助作用。如在一次对犯罪嫌疑人进行抓捕的实践中，侦查员对在嫌疑人家中发现的许多用水盆承接的溶液产生怀疑，该嫌疑人矢口否认是毒品，随行技术人员迅速对溶液成分进行提取并现场检测，成功认定该溶液为液态冰毒，从而打破了犯罪嫌疑人的侥幸心理，如实供述了其罪行。

五、立为延伸案件需办理的手续

1. 有条件立为毒品延伸案件的，应制作毒品延伸案件报告书、毒品延伸案件侦查方案。必要时应制作毒品出库报告上报铁路公安局主管领导批准，同时报省级公安禁毒部门备案。

2. 需要跨区域办理毒品延伸案件的，除制作毒品延伸案件报告书、毒品延伸案件侦查方案外，必要时应制作毒品出库报告报铁路公安局主管领导批准。同时还应报省级公安禁毒部门备案并到省级公安禁毒部门办理侦查毒品案件毒品押运证以及请求延伸地公安机关给予配合的协作函。

【链接】

破案留根：对需要长期经营的重大贩毒案件要采用“放长线钓大鱼”式的局部破案方式。在铁路站车查缉的实际工作中，一般会物色犯罪情节轻微、尚不够刑法处罚（或者具有其他依法不追究刑事责任的情形，如其他单位的特情、工作关系等），能发现或接近贩毒分子、有一定活动能力且愿为警方工作，能够被警方控制的人，作为留根对象。

六、延伸案件证据收集

延伸案成功破获后，应依法收集以下证据：

1. 做好线索来源记录。如特情汇报，群众反映，知情人举报，嫌疑人（逆用人员）的交代等。

2. 保存好如下证据：缴获的毒品、毒资、吸毒工具及搜查相关场所的记录；联系过程中使用的信息、通话记录、行包房取货单、身份证复印件等书证;吸食、藏匿、运输毒品的工具等物证。

3. 对接货地点进行指认、拍照。在宾馆房间内进行交易的需收集住宿登记。

4. 破案后抓获的犯罪嫌疑人的供述和基本情况,包括有无口头、文字或其他形式对犯罪意图的表露,有无毒品犯罪前科或其他刑事犯罪前科,随身携带相关银行卡交易记录等。

5. 侦查期间通过技侦手段监控获取的录音、录像等视听资料。

6. 对逆用人员的配合立功情况应以笔录的方式进行固定,由贴靠人员详细写出整个案件经营过程(工作情况)并附卷。

七、组织实施案件延伸的注意事项

1. 严格保守秘密。毒品和毒贩被公安机关查获的消息一旦暴露,就失去了案件延伸的基本条件,因此保守秘密是组织实施延伸侦查活动的关键。实践经验表明,幕后指挥的毒贩在短时间内与“马仔”失去联系后会立刻提高警惕,怀疑“马仔”被抓。为了证实猜测甚至公然按照毒品运行线路,以打电话的方式,逐个询问沿线看守所近日有无收押其的马仔。因此,对于涉案人员众多的重大案件,有必要报请审批使用化名关押嫌疑人。

2. 实行控制下交付,且交付的毒品应当是贩毒分子正在贩卖、运输或者走私过程中被查获或被发现、跟踪的毒品。不得使用已破案缴获入库的毒品进行控制下交付,应当尽可能使用替代物品实施。特殊情况经审批后,方可使用。

3. 案件延伸过程中要严格控制好毒品和已经抓获的犯罪嫌疑人,防止出现意外事故。

4. 慎重通报逆用对象到达目的地的信息。实践表明,有些幕后指挥的毒贩,为了逃避重点车站、检查站的检查,往往安排“马仔”辗转多个小站换车,并且每到一个地方都要用当地的固定电话报平安。在案件延伸过程中,不但要慎重通报到站情况,还要创造条件保持通话。

八、延伸案件的侦查终结

(一)侦查终结的基本条件

根据《中华人民共和国刑事诉讼法》和《公安机关办理刑事案件程序规定》的规定,侦查终结的案件,应当同时符合以下条件:

1. 案件事实清楚;
2. 证据确实、充分;
3. 犯罪性质和罪名认定正确;
4. 法律手续完备;
5. 依法应当追究刑事责任。

(二)收网的时间

在延伸案件中,收网时间具体表现为贩毒活动的主要事实真相已经基本查清,能够证实犯罪活动的主要犯罪证据已经取得,或者主要的犯罪证据有把握通过组织实施破案行动即拘捕行动来取得。毒品延伸案件中最主要的犯罪证据就是获取毒品的证据、捕获毒品犯罪嫌疑人或缴获毒资,一般来说收网时间选择在控制交易完成后的瞬间。

第三节　毒品案件专案侦查

一、专案侦查概述

专案是指需要组织专门力量、采取专门的侦查措施和侦查手段才可能侦破的刑事案件。专案侦查是侦查破案的重要形式。专案侦查是指对那些案情比较复杂,危害性比较大、涉及面比较广的案件,组织专门力量,采取多种措施手段和计谋策略,实施专案专办的组织形式。

在实际工作中,对已经立案的刑事案件,并非都要实施专案侦查,而是根据办案需要和案件的实际情况来决定的。对于贩毒案件而言,需要立为专案进行侦破的案件主要是指:案情特别重大、复杂,不组织专门力量,不使用专案手段,不打“合成作战”,不可能侦破的案件。专案侦查必须要报上级有关领导部门批准,方可组织实施。公安机关在打击毒品犯罪时要突出打击重点,把打击锋芒直指境内外毒枭、制贩毒集团和网络,应加强缉毒专案侦查工作,提高破案攻坚能力。公安部研究制定了《毒品目标案件管理办法》,加强了对部级目标案件的列管、审核、指导和协调工作,指导各地破获公安部毒品目标案件。

(一)在铁路站车查缉中,需要立为专案的几种情况:

1. 贩运毒品数量大(次数多)、涉案人员比较多的案情重大复杂的延伸案件。

2. 在本省境内实施的预备贩卖毒品案件(含假卖、假买毒品案件),或跨辖区的流窜作案、惯犯、累犯作案的毒品案件。

3. 外国籍人或港、澳、台地区人员涉毒犯罪或有重大影响的案件。

4. 该地区出现的新型毒品案件。

5. 需要与其他机关或部门进行协作和共同配合办理的案件。

(二)专案侦查在打击贩毒活动中的作用

1. 专案侦查可以缴获大量的毒品,截断毒品的地下运输通道。大宗贩毒案件中所涉及的毒品数量是比较大的,也一般具有庞大而完善的地下运输通道,专案侦查也正是针对这种贩毒案件所开展的。

2. 专案侦查可以对从事贩毒活动的贩毒组织进行有力打击。通过专案侦查,最大限度地打团伙、端窝点、抓捕上线下线、彻底追赃缴赃,实现战果的最大化。专案侦查的目的就是要查清从事贩毒活动的贩毒组织的全部情况,收集证据,抓住时机将贩毒组织的全部成员一网打尽。

3. 专案侦查可以彻底消灭有组织的地下贩毒网络。通过组织实施控制下交付,开展缜密的侦查工作,可以将一个地下贩毒网络的全部情况查清,及时采取行动,彻底摧毁贩毒网络。

4. 专案侦查是对真正组织策划贩毒活动的毒枭的致命打击。在专案侦查中,通过运用控制下交付、内线侦查、外线侦查、技术侦查等各种方法和手段,就可以将隐藏在背后真正组织策划贩毒活动的毒枭找出来,同时可以收集确凿的犯罪证据,将其绳之以法,使真正的毒贩受到应有的惩罚。

(三)专案侦查的特点

1. 专案侦查投入的人力、物力、财力比较大。

2. 专案侦查与公开查缉相比,见效比较慢,完成一次专案侦查的时间比较长。

3. 组织实施专案侦查的过程比较复杂。

4. 开展专案侦查需要强大的情报工作、尖端的技术侦察手段、复杂的秘密侦查手段等基础业务工作的支持。

(四)专案侦查的实施应注意的问题

一是在"深挖扩线"上下功夫,有效提升专案线索利用率。要深入落实禁毒情报研判分析制度,加强多发性犯罪、查缉类案件的定期研判、专门研判和个案研判工作,善于从发案规律、特点中挖掘专案线索。要坚持审查深挖与情报分析相结合,在有些案件初步审查难以突破的情况下,应充分利用嫌疑人在押诉讼时效,继续开展审查深挖和相关情报信息的深度分析、关联和串并,积极寻求专案侦查上的突破。

二是加强专案经营的组织,全力扩大打击战果。要强化专案侦查领导负责、专人经营责任制,禁毒、网侦、技侦、视侦等部门同步上案,在人力、经费、装备等方面全力保障,确保专案侦查工作的顺利进行。充分发挥全路一盘棋优势,各相关局、处间要加强沟通、密切协作、相互支持,善于联手开展专案经营。在主侦公安局、处的统一协调下,强力推进案侦工作。根据管辖、抓捕、缴赃等实际需要,各局可主动与地方公安机关联手经营专案,实施深度打击。

三是要善于打合成战。合成战是目前专案侦查的有效手段之一。禁毒、技侦、网侦、技术各部门紧密配合、分工协作,打破了警种界限,使现有侦查手段和信息资源得到了充分运用,最大化为案侦服务。各部门的联合攻坚,才能使贩毒网络始终处于专案组的监控之中。在目前的工作背景下,部门单打独斗已无法适应工作需要。

二、专案侦查措施

(一)一般措施

专案侦查的一般措施的种类和分类情况见下图:

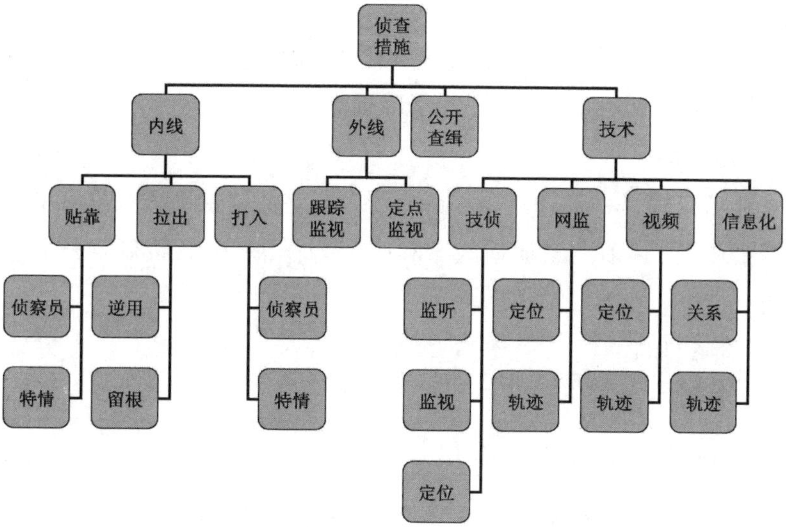

(二)特殊措施

1. 金融调查

金融调查是指禁毒部门在银行等金融机构的配合下,对贩毒的非法收益和金融领域资金的可疑流动依法所进行的调查工作。其目的是查明并追缴贩毒分子和组织的一切非法收益,掌握利用金融机构进行洗钱等犯罪活动的规律和特点。金融调查分为主动式金融调查和被动式金融调查两种。主动式调查是指主动对金融领域内可疑资金的流动情况进行调查;被动式调查是指对在案毒品犯罪分子的财产和非法收益流向进行调查。进行金融调查应该掌握以下基本要领:

(1)了解涉毒洗钱案件的规律

涉毒洗钱案件一般分为三个阶段:存置阶段、漂白阶段和整合阶段。存置阶段是将毒品犯罪的非法所得,通过各种方式进行初步处理,如购买地产、外币或直接存入银行等;漂白阶段,是指通过比较复杂、多层次的金融交易来掩饰毒品犯罪非法收益的性质和来源;整合阶段指行为人将经过漂白的资金,以合法名义投入正常的经济活动中。对于毒品犯罪分子而言,三个阶段中存置阶段是最难操作和最容易被发现的,因此侦查机关应注意从存置阶段入手,打开案件突破口。

(2)正确把握追缴范围

追缴毒品犯罪分子的非法收益时,要正确区分非法收益与合法收益,对属于依法追缴范围的一律予以追缴。

(3)其他

毒品犯罪是一种地域范围跨度大、流动性强的犯罪,因此在采取金融措施时,必须注意加强区域和国际合作,防止毒品犯罪分子逃避追缴。

2. 诱惑侦查

3. 控制下交付

【实训案例1】

A公安处侦破“9·25”特大制贩毒品案捣毁制毒窝点

案件来源:2013年9月25日14时25分许,某北站安检员吴某在安检口值机时,发现一名携带物品的旅客形迹可疑,遂立即报告现场民警。经查,该旅客叫刘某(女,22岁),其携带的茶叶袋内藏有“冰毒”2025.4克。遂成立刑侦、刑技、技侦、网安等力量参与的“9·25”专案组。

侦破过程:专案组民警抓住刘某的心理薄弱点,加强对犯罪嫌疑人刘某的审讯力度,通过法律引导和政策教育,终于攻破其心理防线。刘某不仅交代了自身犯罪事实,还交代其所在贩毒团伙的组织架构,并提出要帮助公安机关抓捕其他犯罪嫌疑人,争取立功表现。根据嫌疑人刘某交代的情况,通过信息查询、研判工作,专案组很快摸清了该贩毒团伙的主要成员,并获悉犯罪嫌疑人秦某(男,46岁)近期经常在惠州市惠城区一带活动。经布署,10月10日下午,专案组民警在惠州市时代假日酒店将嫌疑人秦某及其同伙陈某(男,40岁)、骆某(男,34岁)一并成功抓获,当场缴获毒品2584克,毒资198,700元以及凌志牌汽车、手枪、砍刀等作案工具一批。随后,通过视频资料确定了骆某运输毒品轨迹及其制毒窝点,并于10月11日一举将该团伙位于惠州市惠城区1908号房的制毒窝点捣毁,缴获制毒使用的电烤箱1个、搅拌器2台、塑料桶1个、记录制毒方法和流程笔记本1本。在后续侦查中,专案组民警发现上述窝点可能有人转移赃物,继而再次调取该小区及周边的视频监控发现有2人多次进出该窝点并将可疑物品转移至一辆黑色小轿车离去。获此情况后,视频监控小组和技侦组迅速开展工作,及时确定了嫌疑人落脚点,于10月19日17时许在惠州市中信凯旋城67号将吴某(男,27岁)抓获,缴获隐瞒、转移毒品的吉奥牌汽车1辆。当日18时许民警又在惠州市惠城区骆屋村将骆某的妻子吴某(女,31岁)抓获,在其住处缴获藏匿、转移毒品的保险柜2个、制毒原料盐酸、活性炭、无水乙醇、氨水及K粉半成品一大批。据骆某落网后交代的其他涉毒人员情况,又于10月22日抓获贾某(女,27岁)、蒋某(男,22岁)、李某(男,40岁)、周某(女,34岁),缴获麻古3501.8克、冰毒11.3克及制毒工具一批。至此,“9·25”特大制贩毒品案成功告破。

【实训案例2】

B铁路公安处侦破“6·21”贩卖毒品专案

案件来源:2013年5月23日,某铁路公安处刑警三大队抓获“4·23”南站特大入室盗窃案嫌疑人张某(男,25岁),针对张某有吸毒前科的情况,民警对其尿样进行检测,结果呈阳性。通过对张某的审问获取涉及贩卖毒品的线索,成立专案组。

侦破过程:专案组通过对张某的审讯,迅速突破其心理防线。其供述所吸食的毒品系从嫌疑人刘某(男,27岁)手中购得。在专案组积极对张某进行思想教育工作后,张某同意与刘某进行联系,购买毒品。但刘某知道张某因入室盗窃已逃往外省,对张某找其购买毒品产生怀疑,未答应与张某进行毒品交易。专案组抽调专人成立信息研判小组,运用技术手段和网上作战系统,摸查上线嫌疑人刘某的行踪,掌握刘某的其他主要情况,特别是活动情况。6 月 21 日 15 时许,专案组根据网监部门提供的线索在某地火车站抓获与刘某有联系的吸毒人员王某(男,23 岁)。公安机关对王某进行了突审,其对吸食毒品供认不讳并表示愿意配合公安工作。专案组决定安排王某打电话与刘某联系购买毒品,约好就在当日进行交易。6 月 21 日 21 时许,专案组在七天假日酒店内抓获进行毒品交易的犯罪嫌疑人刘某,当场查获冰毒约 1. 65 克,并在其住所查获冰毒 8. 52 克、自制吸毒工具一套。对刘某的顺利抓捕,为下一步工作奠定了良好基础。专案组抓住刘某急于立功的心理,采取"控制下交付"的工作策略,迅速组织强有力的审查专班加强审查深挖,尽可能多的获取有价值的线索。刘某供述了其上线葛某(男,46 岁)的贩毒窝点、住所及贩卖毒品的主要地点。专案组成功获取线索,由刘某联系交易,扩大战果,于 6 月 23 日在某市一小区抓获嫌疑人葛某及其妻子陈某(女,39 岁),缴获冰毒 145. 67 克、自制手枪 4 支、子弹 247 发。至此,案件成功告破。

第四节　诱惑侦查

一、诱惑侦查的概念

诱惑侦查是指警察设置圈套,以实施某种行为有利可图为诱饵,暗示或诱使侦查对象暴露其犯罪意图并实施犯罪行为,待犯罪行为实施时或结果发生后,拘捕被诱惑者的特殊侦查方法。诱惑侦查属于主动型侦查。通常是在某项犯罪正在发生或即将发生之际开始相应的侦查活动,有时甚至在只有实施犯罪的可能性时就展开了侦查。诱惑侦查是侦查人员掩饰真实身份和真实目的,以假面目示人而实施的,因此具有一定的欺骗性。诱惑侦查所采取的基本方法如下:设计犯罪情景、提供犯罪机会,或是创造犯罪条件,甚至诱导、强化相对人的犯罪意图,因而又具有一定的诱惑性。

在我国,诱惑侦查作为一种新型的侦查手段在实践中得到了大量运用,在毒品犯罪的侦查中成为一种常用方法。但过度的诱惑行为可能影响公民意思自决的自由,冲击社会信用体系,加剧司法诚信危机。

【链接】

卧底侦查与诱惑侦查在表现形式上极其相似,都具有主动性和欺骗性的特征。但卧底侦查与诱惑侦查的区别也非常明显:(1)适用范围不同。卧底侦查仅在有组织犯罪、毒品犯罪等特定的重罪中才能适用,而诱惑侦查不限于此。(2)隐匿身份的持续时间不同。卧底侦查与诱惑侦查中的侦查人员虽然都会隐匿自身真实身份,但诱惑侦查中隐匿身份往往是短时期的,而卧底侦查潜入犯罪组织内部的时间较长。(3)行为方式不同。诱惑侦查强调诱惑性,通过提供犯罪机会或强化犯罪意图,诱惑相对人犯罪。而卧底侦查的目的主要在于监控而非诱导,即卧底侦查强调潜入犯罪组织内部进行监控,并以组织成员的身份在犯罪集团内部收集情报,而无须发起或推动犯罪,其最终目的乃是准确掌握情况,选择适当时机,便于里应外合,将犯罪组织一网打尽。

卧底侦查与诱惑侦查虽然是两种不同的侦查手段,但在侦查实践中却有十分紧密的联系,经常存在并用的情况。例如,在涉及毒品犯罪的案件中,侦查机关可以通过卧底侦查获悉毒品交易信息,而后再进行情景设置,由卧底警察牵线,派出乔装成买主的侦查人员与犯罪嫌疑人进行毒品交易,从而抓捕犯罪嫌疑人及其所在犯罪团伙的其他成员。

二、关于诱惑侦查的司法解释性文件

关于毒品案件,最高人民法院先后发布过三个座谈会纪要(虽然纪要不属于真正意义上的司法解释,但是在实践上具有司法解释的作用,属于司法解释性文件):

1. 南宁纪要:2000 年 4 月 4 日发布的《全国法院审理毒品犯罪案件工作座谈会纪要》(以下简称《南宁会议纪要》)规定:“对具有这种情况(指犯意引诱)的被告人,应当从轻处罚。”

2. 大连纪要:“对因‘犯意引诱’实施毒品犯罪的被告人,根据罪刑相适应原则,应当依法从轻处罚。”

这两个会议纪要对于犯意引诱型诱惑侦查对毒品犯罪案件定罪量刑影响的规定有一定程度的变化。后者多了个“根据罪刑相适应原则”。这一微妙变化很容易被忽略。如果说《南宁会议纪要》强调的是犯意引诱只影响量刑“从轻处罚”,而不影响定罪的话;那么《大连纪要》“根据罪刑相适应原则”,则是需要根据案件的情况,选择不同的罪名以符合罪刑相适用原则。因此,对于犯意引诱的毒品犯罪,针对不同的案件,既可能影响量刑,也可能直接影响定罪。

3. 武汉纪要:武汉纪要对于诱惑、特情侦查没有提及,但不是对大连纪要的否定和代替,而是一种补充。

三、关于诱惑侦查的立法规定

2012 年修改后的刑诉法,一方面增加规定了真正意义上的技术侦查措施(第 148 条至第 150 条,真正意义上的技术侦查措施根据公安部《公安机关办理刑事案件程序规定》,包括记录监控、行踪监控、通信监控、场所监控等措施);另一方面还规定了特殊侦查措施,即《刑事诉讼法》第 151 条规定的隐匿身份侦查和控制下交付。《刑事诉讼法》第 151 条规定,为了查明案情,在必要的时候,经公安机关负责人决定,可以由有关人员隐匿其身份实施侦查。但不得诱使他人犯罪,不得采用可能危害公共安全或者发生重大人身危险的方法。对涉及给付毒品等违禁品或者财物的犯罪活动,公安机关根据侦查犯罪的需要,可以依照规定实施控制下交付。如前所述,隐匿身份包括贴靠侦查(接近侦查对象获取犯罪情报和证据)、诱惑侦查(机会型引诱)、卧底侦查三种。显然,立法上一方面肯定了诱惑侦查,另一方面也禁止诱使他人犯罪。换言之,认可机会引诱,否定了犯意引诱。刑事诉讼法的效力显然高于最高人民法院的所谓纪要,因此在新刑诉法实施后,毒品犯罪不得使用犯意引诱的方法。犯意引诱所得的证据应当依法排除,不得作为定案的根据,但是机会引诱不受影响。

四、关于诱惑侦查的毒品案件的司法认定

根据上述论述,对于诱惑侦查型毒品犯罪的定性,应区别不同情况对待(当然,诱惑侦查需要按照规定进行审批,程序要合法)。

1. 如果有证据证明行为人在被查获前一段时间有贩毒行为,但没有证据证明行为人已持有毒品待售或者已准备实施贩卖毒品行为,而由特情人员向其诱惑购买毒品。此种情况下,行为人是否会继续实施贩卖毒品行为处于一种不确定状态,在特情引诱之下实施贩卖毒品,主观上不确定的意图转化为贩卖毒品的故意,属于机会引诱,此类案件可以定贩卖毒品罪,量刑时可从轻处罚。

2. 行为人持有毒品,但缺乏证据证明其此前贩卖过毒品,也无证据证明其具有贩卖意图,特情人员主动约购毒品。由于缺乏证据证明行为人事先即存在贩卖毒品的主观故意,则不应认定为贩卖毒品罪。但行为人持有毒品这一客观事实是现实存在的,并非是侦查活动引起的,即使排除诱惑因素,其持有毒品的事实也是客观存在的。因此,此类案件构成非法持有毒品罪。

3. 行为人原本没有实施贩卖毒品的犯罪目的和犯罪行为,亦无涉毒犯罪的前科,但是由于受到特情人员等开出的高额买入价诱惑,出于简单贪利动机而临时性从他人处购进毒品贩卖给特情人员,此后在事先安排好的交易状态下交易时被查获。此种情况属于司法机关人为地"制造"犯罪,完全属于受侦查行为引发犯意,属于犯意引诱,则不宜认定为犯罪。

第五节　控制下交付

一、控制下交付的概念

控制下交付是指侦查机关发现非法交易的物品后，在对物品进行秘密监控的情形下，允许物品继续流转，有策略地查明实施该项犯罪的犯罪组织及其他犯罪参与人，并抓捕犯罪嫌疑人的一种侦查措施。

控制下交付作为一种独特的侦查方法，在我国的司法实践中并不少见。其实施方法在于“秘密性”与“策略性”的结合；其实施目的则在于侦查某些犯罪并辨认参与该犯罪的人员，获取犯罪证据，挖出幕后主使，摧毁整个毒品犯罪链条。

二、公安机关实施控制下交付措施的法律依据

控制下交付是伴随有组织的、跨国境的毒品犯罪数量的激增而出现的一种新型侦查方式。1988 年《联合国禁止非法贩运麻醉药品和精神药物公约》首次明确规定了控制下交付这种新型侦查手段。该公约规定：“控制下交付是指在一国或者多国的主管当局知情或者监视的情况下，允许货物中非法可疑的麻醉药品、精神药物以及其他毒品物质或他们的替代物运出、通过或者运入领土，以期查明各类毒品犯罪人。”2012 年新《刑事诉讼法》第 151 条将其纳入法律，第 151 条第 2 款规定：“对涉及交付毒品等违禁品或者财物的犯罪活动，公安机关根据侦查犯罪的需要，可以依照规定实施控制下交付。”

三、控制下交付的条件

1. 掌握毒品情况：贩毒的数量比较大，属于大宗贩毒案件。贩毒数量较少的案件，组织延伸的价值不大，即便延伸成功，其意义也不

大。案件延伸的目的是查清地下贩毒网络,抓获更多更大的毒犯,彻底摧毁地下贩毒组织及贩毒网络。

2. 时间是否充足:有足够的时间与毒品途径地、毒品交付地的警方及时取得联系,获得配合。有时间做好各项准备工作,不会引起其他毒贩的警觉。

3. 有无控制价值:属于团伙贩毒。在贩毒案件中也存在单独作案的现象。这种单独贩毒的人,一般没有固定的"上线"—毒品的来源,也没有固定的"下线"—出售毒品的对象。即使及时被禁毒侦查部门抓获,由于客观条件受限,也无法进行延伸。

4. 风险是否可控:毒品已被警方查获过的消息没有泄露,贩毒网络里的其他人不知道破案的消息。犯罪组织的某一犯罪嫌疑人被抓获的消息一旦泄漏,其他同案犯就会马上停止贩毒活动,逃跑并躲藏起来,案件也就无法进行延伸。

与被抓获的犯罪嫌疑人可进行交流,使其能够积极主动地交代犯罪事实,愿意戴罪立功,配合抓捕其他涉案人员(一般不选择语言不通者作为逆用对象)。同时还要有把握控制住已经抓获的毒贩,使其不致"反水"。

能够控制已缴获的毒品运输动向,确保其在运行过程中不致出现意外。

四、控制下交付的环节

1. 做出控制下交付的决定。

2. 制定控制下交付方案。

3. 实施控制下交付。

4. 适时收网。

五、实施控制下交付应当注意的问题

1. 对需要实施控制下交付的案件,必须严格履行审批手续,实行统一领导和管理。

2. 用于控制交付的毒品,必须是现行缴获或是毒品犯罪分子正在实施犯罪过程中被发现、跟踪的毒品。

3. 防止诱人犯罪。

4. 办理控制下交付的案件,要严格依法办案。强化证据意识,保证办案质量。

5. 参与控制下交付的缉毒人员要保守秘密,树立大局意识,尽职尽责,及时报告,服从命令,令行禁止。

六、控制下交付的意义

(一)有助于使贩毒组织及成员暴露在侦查视线内

毒品犯罪往往都经过严密策划和周密安排,犯罪手段十分复杂。如具体贩运毒品时,常有“人货分离”“雇佣他人,幕后操纵”“露面非真人,真人不露面”等犯罪伎俩。如果不采用控制下交付,抓捕到的可能只是货物,或者只是雇佣人员,也可能只是次要的参与者。而只有实施控制下交付,才能真正抓捕到幕后操纵者、重要案犯以及其他参与者,从而扩大打击战果。

(二)有助于获取毒品犯罪证据,保证诉讼活动的顺利进行

毒品案件与其他刑事案件相比有证据少、取证难、认定犯罪难的特点。实施控制下交付,可以使毒品犯罪活动在缉毒侦查部门控制下进行,可以选择适当破案时机,做到人赃俱获,取得诉讼活动所需的各种证据,为追究罪犯刑事责任提供依据。

(三)有助于摸清毒品犯罪的规律和特点

通过控制下交付的对敌控制,有关部门可以掌握毒品犯罪分子的购货渠道、接货地点、运输路线、运输方法、伪装方式、交货地点、毒品价格等一系列毒品犯罪信息。掌握了这些信息,也就为以后侦破毒品案件积累经验、奠定基础。

【本章小结】

毒品犯罪从毒品产地到毒品买卖分销再到最终到达吸毒人员手中,是个连续不断的过程。铁路涉毒犯罪活动过程中大多采取"遥控指挥、单线联系、人货分离、雇佣运输、复线押运"等方法,在铁路站车公开查缉一般只能查获毒品犯罪活动的"中间环节",很难彻底摧毁整个网络。因此,铁路公安只有紧紧依托铁路区位优势,准确把握利用铁路实施贩毒活动的规律,从强化公开查缉入手,组织专门力量,牢牢把握公开查缉所占有的线索;采取专业手段,按照"逐人细审、逐案深挖"的要求,通过组织实施专案侦查,缜密经营、延伸打击,才能最大限度地打击幕后策划组织指挥者,彻底摧毁整个犯罪网络,才能达到"打团伙、摧网络、断通道"的目标。

【经典案例】

"7·28"特大制贩毒案

1999 年 7 月 28 日,云南省公安机关获悉境外大毒枭谭晓林准备向我国贩毒的线索后,经省公安厅领导批准遂立案侦查,代号"7·28"贩毒案。从立案到刘招华落网,此案侦查和追逃工作,转战十余个省,历时 5 年多,彻底摧毁了以谭晓林、刘招华和陈炳锡为首的特大跨境制贩毒集团,抓获犯罪嫌疑人 30 余名,缴获海洛因 550 多千克、冰毒 12.36 吨,查获成套制毒设备共 14 车、房地产 10 余处、汽车 10 余辆以及毒资人民币、港币合计 3606 万元。中缅边境的头号毒枭谭晓林又名谭明林,四川乐至县人,外号"小四川",是金三角地区头号大毒枭,拥有一支 200 多人的私人武装,控制着中缅边境 50% 的毒品交易,仅 5 年时间就向中国贩卖毒品达 3 吨以上。"7·28 大案"专案组是公安部为抓捕他而设立的。1999 年 7 月 28 日,警方得到可靠线索,谭晓林将开辟广东市场,从这天开始,警方开始张网围捕谭晓林这条大鱼。1999 年 8 月 29 日,谭晓林指派的两辆新车从瑞丽出发向昆明驶去,后来又发现这两辆车又开回了原地。侦察人员初步判断,狡猾的谭晓林是在探路，看有没有被警方监控。9月8日货车再次出动，开进了昆明郊区的腾龙货厢厂，侦查员乔装成买货人进入了货厢厂，他们看到这辆新货车的水箱已经被拆下来正在进行改装，修理人员给水箱焊接了一个夹层，而这个夹层就是准备用来藏毒品的。9月13日，负责改造水箱的毒贩接到谭晓林指令准备出境，前来接应毒贩出境的谭晓林的打手一直在观察有没有人跟踪，在完全确认安全后，他才坐上早已等候在旁的车辆迅速离开。谭晓林的这次投石问路，却在警方的监控之下。1999年10月28日，谭晓林装运着毒品的货车刚一到达昆明，就进入了警方的布控中。11月3日，警方跟踪谭晓林的货车到广州市的一个停车场后，司机突然下车弃车而去。车上究竟有没有毒品，一向多疑的谭晓林是不是发现了公安人员的行踪，这使跟踪的侦察员心里有些不安。一夜的等待过去了，清晨7点来了两个人，直接将货车开出停车场一直往广州的郊区开去，七弯八拐地来到了一个很隐蔽的仓库，这时犯罪嫌疑人将大货车驾驶室的暗格打开了，毒品海洛因暴露出来。警方当场抓获了涉嫌贩毒的两名犯罪嫌疑人，从谭晓林的货车中共搜出海洛因190公斤，而这并不是“11·4”行动中真正的“大鱼”，就在旁边的一个仓库里警方有了意外的发现。当天警方收缴到的554箱高纯度的冰毒，整整摆满了一个篮球场，数量达11.08吨，相当于当年全球缴获冰毒的总和。“7·28”特大制贩毒案本是以侦查和打击缅甸谭晓林贩毒集团为主线的。然而，该案在侦查过程中，却牵出了刘招华制贩冰毒集团。

该案创造了个案缴获晶体冰毒的世界之最，同时也创造了个案查获制造冰毒设备、缴获毒资及捕获境内外毒枭的全国第一。它不仅是我国缉毒史上参战警种最多、投入警力最大和侦查战场最广的一次整体作战，也是我国打击跨国毒品犯罪活动的一个成功范例和经典之作。同时，在毒品案件侦查思路和国际合作上也是一次成功的探索和创新。

【案例分析】

2014年11月7日，昆明铁路公安处在昆明车站查获海洛因1千克，并抓获运送毒品人员甲。经突击审问，该犯交代了海洛因的来源和交货的时间、地点。该犯在毒品犯罪活动中扮演运送毒品的“马仔”的角色。审讯中，该犯流露出强烈的求生欲望，要求协助公安机关到交货地点——广州，将另一毒犯抓捕归案。昆明铁路公安处上报上级公安机关并履行相关手续后，于11月10日，押送人犯及毒品赶到广州。到广州后，连夜对该犯进行审查，同时对交货地点反复进行实地勘察。13日，该犯与广州毒犯约定交货，并协助警方将接货毒犯抓获。

问题：

(1)在本案侦办过程中，缉毒部门采取的主要侦查措施是什么？

(2)结合本案，简述实施该主要措施的步骤和基本方法。

第六章　铁路毒品案件侦查的程序和证据

【教学目的及重点】

1. 毒品案件侦查的基本程序；

2. 侦查终结和警察出庭作证的条件及注意事项；

3. 毒品案件证据的收集方法和注意事项。

第一节　铁路毒品案件侦查的基本程序

一、毒品犯罪案件的管辖

根据刑事诉讼法的规定，毒品犯罪案件的地域管辖，应当坚持以犯罪地管辖为主、被告人居住地管辖为辅的原则。

“犯罪地”包括犯罪预谋地，毒资筹集地，交易进行地，毒品生产地，毒资、毒赃和毒品的藏匿地、转移地，走私或者贩运毒品的目的地以及犯罪嫌疑人被抓获地等。

“被告人居住地”包括被告人常住地、户籍地及其临时居住地。

对怀孕、哺乳期妇女走私、贩卖、运输毒品案件,查获地公安机关认为移交其居住地管辖更有利于采取强制措施和查清犯罪事实的,可以报请共同的上级公安机关批准,移送犯罪嫌疑人居住地公安机关办理,查获地公安机关应继续配合。

公安机关对侦办跨区域毒品犯罪案件的管辖权有争议的,应本着有利于查清犯罪事实,有利于诉讼,有利于保障案件侦查安全的原则,认真协商解决。经协商无法达成一致的,报共同的上级公安机关指定管辖。对即将侦查终结的跨省(自治区、直辖市)重大毒品案件,必要时可由公安部、最高人民法院和最高人民检察院指定管辖。

为保证及时结案,避免超期羁押,人民检察院对于公安机关移送审查起诉的案件,人民法院对于已进入审判程序的案件,被告人及其辩护人提出管辖异议或者办案单位发现没有管辖权的,受案人民检察院、人民法院经审可以依法报请上级人民检察院、人民法院指定管辖,不再自行移送有管辖权的人民检察院、人民法院。

2012 年 8 月 1 日《最高人民法院关于铁路运输法院案件管辖范围的若干规定》规定列车犯罪发生后,应移交最初停靠站或目的地铁路运输法院管辖。2015 年 6 月 15 日《最高人民法院关于铁路旅客列车上发生的刑事案件管辖问题的复函》中“列车最初停靠的车站”的含义是指列车上发生犯罪后,列车乘警收集完证据后的最初停靠站。

二、毒品犯罪案件侦查的程序

铁路毒品犯罪案件从根本上讲属于刑事犯罪案件,因此,铁路公安机关侦查毒品犯罪案件,应主要依照《刑事诉讼法》和《公安机关办理刑事案件程序规定》。毒品犯罪案件侦查的程序包括立案、侦查计划的制订和实施以及侦查终结。由于毒品犯罪活动的复杂性和特殊性,在侦查程序上有其特点,具体如下表:

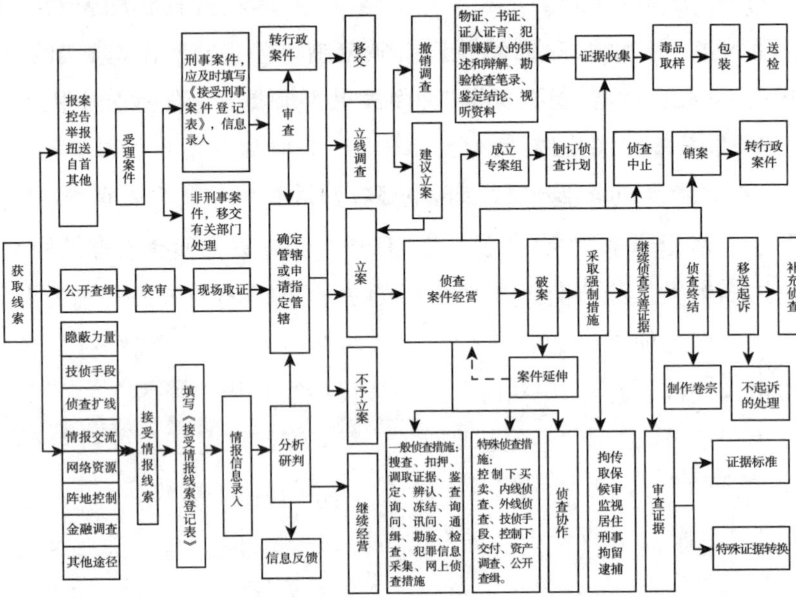

第二节 铁路毒品案件侦查的证据

证据是侦查工作的核心，是整个刑事诉讼过程的基石，是评定侦查破案效果的最终标尺。2013 年《刑事诉讼法》的颁布实施，尤其 2016 年两高一部《办理毒品犯罪案件毒品提取、扣押、称量、取样和送检程序若干问题的规定》和公安部颁布的《公安机关缴获毒品管理规定》，明确细化了公安机关在毒品犯罪案件中毒品的提取、扣押、称量、取样和送检这五个环节的合法性都要受到人民检察院和人民法院的审查，细化了对毒品犯罪中笔录证据的制作要求及审查标准，明确指出不得作为批准逮捕、提起公诉或者判决依据的条件，确保公安机关在毒品实物证据的收集、固定和保管工作中严格依法、客观、准确、公正、科学和安全地进行。由于毒品案件犯罪手段的隐蔽性、证据体系的独特性和侦查方式的前置性，办案警察往往既是毒品案件的侦查人员，同时又是证明犯罪事实的关键证人。办案人员要树立现代的刑事司法理念,从查明事实观转变为证明事实观,培养精细化的刑事办案风格,提升收集证据和确定证据关联性的能力。

一、证据的收集

《刑事诉讼法》第48条:可以用于证明案件事实的材料,都是证据。证据包括:

(一)物证;

(二)书证;

(三)证人证言;

(四)被害人陈述;

(五)犯罪嫌疑人、被告人供述和辩解;

(六)鉴定意见;

(七)勘验、检查、辨认、侦查实验等笔录;

(八)视听资料、电子数据。

证据必须经过查证属实,才能作为定案的根据。毒品犯罪案件因其具有充分的预谋性、高度的隐秘性,犯罪行为的流动性等特点,使该类案件证据与其他案件证据相比有着不同的特点,侦查机关调查收集的重点与方法也应有所不同。

毒品犯罪案件证据收集应当注意:

1. 依法规范办理毒品犯罪案件毒品提取、扣押、称量、取样和送检行为程序

毒品是直接反映被告人行为危害大小的特定物品,它不仅是物证,而且对其属性所做的鉴定意见也是印证毒品犯罪事实的证据之一。在侦查阶段公安机关办理毒品犯罪案件毒品提取、扣押、称量、取样和送检行为违反程序规范,会导致证据出现严重瑕疵。

2. 在第一时间收集、固定物证、书证

毒品犯罪本身的特殊性导致证据难取,贩毒分子为逃避打击,或零星售卖,或通过熟悉的吸毒人员完成交易的方式,形成较为固定的

供需链条，且多为一对一的单线联系，不易被发现。侦查机关不可能对制造、走私、贩卖、交易实行全程监控，即使人赃并获，一些明知罪行严重的贩毒分子也会拼死抵赖，拒不供述毒品来源、用途、去向、有无共同犯罪人等，切断上下线索。归案的被告人时供时翻，证人证言等言词证据的稳定性极差，供证难以统一，并且毒品是直接损耗性消费品，吸毒人员一旦接手，很快被吸食、注射，直接物证容易消失，又缺少其他文字或者影像资料等客观证据佐证，给准确认定案件造成极大困难。这个时候办案人员就应及时收集和固定嫌疑人与毒品相联系的客观证据。

3. 规范制作、依程序移送录音录像等视听资料

根据《刑事诉讼法》第 148 条规定，对于重大毒品犯罪案件，根据侦查犯罪的需要，经过严格的批准手续，可以采取技术侦查措施。侦查机关应当严格依照法定程序，规范制作、如实记录侦听的全过程。对于毒品交易、毒品保存、毒资提取等情况有视频资料的，应当注意收集和固定。具体操作时，可以将通过技侦手段获得的视听资料播放给嫌疑人听或者观看，记载于被告人的庭前供述之中，如果有涉及暗语、代号之类的，要追问清楚具体含义。两种证据形式相互印证，可以起到事前预防嫌疑人翻供的效果。同时注意视听资料的形式要求，每一份光碟附随一份制作说明，写清楚制作的时间段（不仅仅是年月日，要精确到分秒）、制作地点、摄影人和制作人、概要内容、文件格式。侦查机关的工作说明如果涉及侦查秘密，即使不作为定案证据的，也要写出书面材料存入法院内卷备查。

4. 扩大取证思路，重视直接证据与间接证据之间的关联性

在讯问嫌疑人过程中，除了问清楚物证、书证的存放位置、原始状态、外部特征、记载的内容以及名称、数量、规格、来源等，还应突破传统证据模式，从嫌疑人口供中发现、深挖与毒品犯罪关联的物品和信息等间接证据。就是这些不依他人意志而客观存在的间接证据，往往能够在最关键的时候达到作为直接证据的效果。比如通过提取嫌疑

人的通话清单、手机短信等电子证据,审查嫌疑人与其他涉毒人员有无来往的信息记录;搜查银行账户、存取款凭条(可以适当扩大范围),审查其有无账户往来频繁记录,无正当收入来源但是存取金额极大等异常现象;搜查嫌疑人随身物品中的车票、船票、机票或者道路收费票据,审查其过往路径有无与毒品运输重合的情况;搜查嫌疑人有无记事本或者电脑存储的信息,审查其上记载的日期、数字、密码或者化学符号、化学公式是否与毒品贩卖、制造有关。间接证据收集在案之后,还应当综合分析物证与书证、与言词证据、与同案犯的供述、与案件事实之间的关联性,组合形成逻辑严密、指向明确的证据体系。

5. 重视对量刑情节的证据收集

重视涉及证明被告人量刑情节,比如累犯、再犯、立功、自首、有无特情引诱、有无指使未成年人涉毒、有无武装运输毒品等的证据的收集,全面收集犯罪事实证据、量刑证据。既不放纵罪犯,被告人应有的从轻情节也要如实反映。

二、非法证据排除

《刑事诉讼法》第53条第2款规定:“证据确实、充分,应当符合以下条件:

(一)定罪量刑的事实都有证据证明;

(二)据以定案的证据均经法定程序查证属实;

(三)综合全案证据,对所认定事实已排除合理怀疑。”

可见“排除合理怀疑”,已成为对我国刑事诉讼证明标准的一种解释,也可以看作刑事诉讼中认定案件事实的一项辅助性标准。非法证据排除即采用刑讯逼供等非法方法收集的犯罪嫌疑人、被告人供述和采用暴力、威胁等非法方法收集的证人证言、被害人陈述,应当予以排除。收集物证、书证不符合法定程序,可能严重影响司法公正的,应当予以补正或者作出合理解释;不能补正或者作出合理解释的,对该证据应当予以排除。

《刑事诉讼法》第59条明确规定:“证人证言必须在法庭上经过公诉人、被害人和被告人、辩护人双方质证并且查实以后,才能作为定案的根据。”刑诉法再次强调证人出庭,未来侦查人员出庭必将成为常态。

毒品犯罪的证据判断:有些毒品犯罪案件,往往由于毒品、毒资等证据已不存在,导致审查证据和认定事实困难。在处理这类案件时,只有被告人的口供与同案其他被告人供述吻合,并且完全排除诱供、逼供、串供等情形,被告人的口供与同案被告人的供述才可以作为定案的证据。

非法证据排除是对侦查人员取得证据的合法性进行审查,不仅对法官的独立性提出挑战,同时一旦被认定为非法证据,侦查人员还可能被层层追责,对侦查人员的要求越来越高。

三、毒品犯罪案件中警察出庭

修改后的《刑事诉讼法》完善了证人出庭制度,并进一步规范了办案警察出庭制度,这必然会给公诉工作带来新的压力和挑战。为了更有效地打击毒品犯罪,充分尊重和保障人权,警察出庭作证或者说明情况已经越来越成为庭审的需要。当前,毒品案件警察出庭虽然并不十分普遍,但随着修改后刑诉法的深入实施和控辩双方对抗的进一步加强,警察出庭必然会一步步走向常态化。

毒品案件警察出庭拟证明(说明)的事项主要包括程序性事项和实体性事项两方面:

(一)程序性事项

程序性事项主要是指办案警察在侦查活动中采取专门调查手段与措施,收集、调取、固定、保全、检验、鉴定证据以及采取强制措施等事项。主要包括:

1. 有罪供述取得的合法性。

2. 技术侦查措施及证据转化。

3. 特情使用、是否存在犯罪引诱以及控制下交付。

4. 其他事项。包括实施勘验、检查、辨认、侦查实验、扣押等侦查活动的过程,证据收集、调取、固定、保全、检验、鉴定的过程以及对证人的询问程序是否合法等。

(二)实体性事项

实体性事项主要是指办案警察在侦查活动中获知的被告人实施有关毒品犯罪的事实和情节等。主要包括:

1. 办案警察目击被告人实施毒品犯罪行为的情况。

2. 起获毒赃、毒资以及毒品犯罪工具的情况。

3. 被告人年龄的查证情况,包括其实施毒品犯罪行为时是否属于未成年人及其是否达到刑事责任年龄。

4. 被告人到案情况,包括其系被当场抓获,还是案发后被查获归案,还是自动投案,抑或是在其被采取强制措施期间或其服刑期间发现其原案之外的毒品犯罪罪行等。

5. 被告人到案后的供述情况,包括其是否如实供述自己的罪行及其供述态度,以确定其是否具有自首或如实供述的法定情节以及认罪、悔罪态度等。

6. 被告人是否具有立功表现及其查证情况。

7. 办案警察获知的被告人实施毒品犯罪的形态等其他实体性事项。

【本章小结】

证据是侦查工作的核心,是刑事诉讼过程的基础;程序是侦查工作的必要途径,是刑事诉讼过程的规范。因此铁路毒品案件侦查需要证据和程序的支持。2016 年 7 月 1 日起施行的最高人民法院、最高人民检察院、公安部联合下发的《办理毒品犯罪案件毒品提取、扣押、称量、取样和送检程序若干问题的规定》中,明确细化了公安机关在毒品犯罪案件中的毒品提取、扣押、称量、取样和送检这五个环节的合法性都要受到人民检察院和人民法院的审查，细化了对毒品犯罪中笔录证据的制作要求及审查标准，同时明确提出不得作为批准逮捕、提起公诉或者判决依据的条件。

【思考题】

1. 谈谈毒品案件侦查基本程序与刑事案件侦查基本程序的差异；

2. 试述毒品案件中证据的收集和认定；

3. 谈谈毒品案件中警察出庭作证的程序性事项和实体性事项。

附　录

附录1　中华人民共和国刑法(节录)

第七节　走私、贩卖、运输、制造毒品罪

第三百四十七条　【走私、贩卖、运输、制造毒品罪】走私、贩卖、运输、制造毒品,无论数量多少,都应当追究刑事责任,予以刑事处罚。

走私、贩卖、运输、制造毒品,有下列情形之一的,处十五年有期徒刑、无期徒刑或者死刑,并处没收财产:

(一)走私、贩卖、运输、制造鸦片一千克以上、海洛因或者甲基苯丙胺五十克以上或者其他毒品数量大的;

(二)走私、贩卖、运输、制造毒品集团的首要分子;

(三)武装掩护走私、贩卖、运输、制造毒品的;

(四)以暴力抗拒检查、拘留、逮捕,情节严重的;

(五)参与有组织的国际贩毒活动的。

走私、贩卖、运输、制造鸦片二百克以上不满一千克、海洛因或者甲基苯丙胺十克以上不满五十克或者其他毒品数量较大的,处七年以上有期徒刑,并处罚金。

走私、贩卖、运输、制造鸦片不满二百克、海洛因或者甲基苯丙胺不满十克或者其他少量毒品的,处

三年以下有期徒刑、拘役或者管制,并处罚金;情节严重的,处三年以上七年以下有期徒刑,并处罚金。

单位犯第二款、第三款、第四款罪的,对单位判处罚金,并对其直接负责的主管人员和其他直接责任人员,依照各该款的规定处罚。

利用、教唆未成年人走私、贩卖、运输、制造毒品,或者向未成年人出售毒品的,从重处罚。

对多次走私、贩卖、运输、制造毒品,未经处理的,毒品数量累计计算。

第三百四十八条　【非法持有毒品罪】非法持有鸦片一千克以上、海洛因或者甲基苯丙胺五十克以上或者其他毒品数量大的,处七年以上有期徒刑或者无期徒刑,并处罚金;非法持有鸦片二百克以上不满一千克、海洛因或者甲基苯丙胺十克以上不满五十克或者其他毒品数量较大的,处三年以下有期徒刑、拘役或者管制,并处罚金;情节严重的,处三年以上七年以下有期徒刑,并处罚金。

第三百四十九条　【包庇毒品犯罪分子罪;窝藏、转移、隐瞒毒品、毒赃罪】包庇走私、贩卖、运输、制造毒品的犯罪分子的,为犯罪分子窝藏、转移、隐瞒毒品或者犯罪所得的财物的,处三年以下有期徒刑、拘役或者管制;情节严重的,处三年以上十年以下有期徒刑。

缉毒人员或者其他国家机关工作人员掩护、包庇走私、贩卖、运输、制造毒品的犯罪分子的,依照前款的规定从重处罚。

犯前两款罪,事先通谋的,以走私、贩卖、运输、制造毒品罪的共犯论处。

第三百五十条　【非法生产、买卖、运输制毒物品、走私制毒物品罪】违反国家规定,非法生产、买卖、运输醋酸酐、乙醚、三氯甲烷或者其他用于制造毒品的原料、配剂,或者携带上述物品进出境,情节较重的,处三年以下有期徒刑、拘役或者管制,并处罚金;情节严重的,处三年以上七年以下有期徒刑,并处罚金;情节特别严重的,处七年以上有期徒刑,并处罚金或者没收财产。

明知他人制造毒品而为其生产、买卖、运输前款规定的物品的，以制造毒品罪的共犯论处。

单位犯前两款罪的，对单位判处罚金，并对其直接负责的主管人员和其他直接责任人员，依照前两款的规定处罚。

第三百五十一条 【非法种植毒品原植物罪】非法种植罂粟、大麻等毒品原植物的，一律强制铲除。有下列情形之一的，处五年以下有期徒刑、拘役或者管制，并处罚金：

（一）种植罂粟五百株以上不满三千株或者其他毒品原植物数量较大的；

（二）经公安机关处理后又种植的；

（三）抗拒铲除的。

非法种植罂粟三千株以上或者其他毒品原植物数量大的，处五年以上有期徒刑，并处罚金或者没收财产。

非法种植罂粟或者其他毒品原植物，在收获前自动铲除的，可以免除处罚。

第三百五十二条 【非法买卖、运输、携带、持有毒品原植物种子、幼苗罪】非法买卖、运输、携带、持有未经灭活的罂粟等毒品原植物种子或者幼苗，数量较大的，处三年以下有期徒刑、拘役或者管制，并处或者单处罚金。

第三百五十三条 【引诱、教唆、欺骗他人吸毒罪；强迫他人吸毒罪】引诱、教唆、欺骗他人吸食、注射毒品的，处三年以下有期徒刑、拘役或者管制，并处罚金；情节严重的，处三年以上七年以下有期徒刑，并处罚金。

强迫他人吸食、注射毒品的，处三年以上十年以下有期徒刑，并处罚金。

引诱、教唆、欺骗或者强迫未成年人吸食、注射毒品的，从重处罚。

第三百五十四条 【容留他人吸毒罪】容留他人吸食、注射毒品的，处三年以下有期徒刑、拘役或者管制，并处罚金。

第三百五十五条　【非法提供麻醉药品、精神药品罪】依法从事生产、运输、管理、使用国家管制的麻醉药品、精神药品的人员，违反国家规定，向吸食、注射毒品的人提供国家规定管制的能够使人形成瘾癖的麻醉药品、精神药品的，处三年以下有期徒刑或者拘役，并处罚金；情节严重的，处三年以上七年以下有期徒刑，并处罚金。向走私、贩卖毒品的犯罪分子或者以牟利为目的，向吸食、注射毒品的人提供国家规定管制的能够使人形成瘾癖的麻醉药品、精神药品的，依照本法第三百四十七条的规定定罪处罚。

单位犯前款罪的，对单位判处罚金，并对其直接负责的主管人员和其他直接责任人员，依照前款的规定处罚。

第三百五十六条　【毒品犯罪的再犯】因走私、贩卖、运输、制造、非法持有毒品罪被判过刑，又犯本节规定之罪的，从重处罚。

第三百五十七条　【毒品的范围及毒品数量的计算原则】本法所称的毒品，是指鸦片、海洛因、甲基苯丙胺（冰毒）、吗啡、大麻、可卡因以及国家规定管制的其他能够使人形成瘾癖的麻醉药品和精神药品。

毒品的数量以查证属实的走私、贩卖、运输、制造、非法持有毒品的数量计算，不以纯度折算。

附录2　中华人民共和国禁毒法

中华人民共和国主席令

第　79　号

《中华人民共和国禁毒法》已由中华人民共和国第十届全国人民代表大会常务委员会第三十一次会议于2007年12月29日通过,现予公布,自2008年6月1日起施行。

中华人民共和国主席　胡锦涛

2007年12月29日

第一章　总　　则

第一条　为了预防和惩治毒品违法犯罪行为,保护公民身心健康,维护社会秩序,制定本法。

第二条　本法所称毒品,是指鸦片、海洛因、甲基苯丙胺(冰毒)、吗啡、大麻、可卡因,以及国家规定管制的其他能够使人形成瘾癖的麻醉药品和精神药品。

根据医疗、教学、科研的需要,依法可以生产、经营、使用、储存、运输麻醉药品和精神药品。

第三条　禁毒是全社会的共同责任。国家机关、社会团体、企业事业单位以及其他组织和公民,应当依照本法和有关法律的规定,履行禁毒职责或者义务。

第四条 禁毒工作实行预防为主,综合治理,禁种、禁制、禁贩、禁吸并举的方针。

禁毒工作实行政府统一领导,有关部门各负其责,社会广泛参与的工作机制。

第五条 国务院设立国家禁毒委员会,负责组织、协调、指导全国的禁毒工作。

县级以上地方各级人民政府根据禁毒工作的需要,可以设立禁毒委员会,负责组织、协调、指导本行政区域内的禁毒工作。

第六条 县级以上各级人民政府应当将禁毒工作纳入国民经济和社会发展规划,并将禁毒经费列入本级财政预算。

第七条 国家鼓励对禁毒工作的社会捐赠,并依法给予税收优惠。

第八条 国家鼓励开展禁毒科学技术研究,推广先进的缉毒技术、装备和戒毒方法。

第九条 国家鼓励公民举报毒品违法犯罪行为。各级人民政府和有关部门应当对举报人予以保护,对举报有功人员以及在禁毒工作中有突出贡献的单位和个人,给予表彰和奖励。

第十条 国家鼓励志愿人员参与禁毒宣传教育和戒毒社会服务工作。地方各级人民政府应对志愿人员进行指导、培训,并提供必要的工作条件。

第二章 禁毒宣传教育

第十一条 国家采取各种形式开展全民禁毒宣传教育,普及毒品预防知识,增强公民的禁毒意识,提高公民自觉抵制毒品的能力。

国家鼓励公民、组织开展公益性的禁毒宣传活动。

第十二条 各级人民政府应当经常组织开展多种形式的禁毒宣传教育。

工会、共产主义青年团、妇女联合会应当结合各自工作对象的特点,组织开展禁毒宣传教育。

第十三条 教育行政部门、学校应当将禁毒知识纳入教育、教学内容,对学生进行禁毒宣传教育。公安机关、司法行政部门和卫生行政部门应当予以协助。

第十四条 新闻、出版、文化、广播、电影、电视等有关单位,应当有针对性地面向社会进行禁毒宣传教育。

第十五条 飞机场、火车站、长途汽车站、码头以及旅店、娱乐场所等公共场所的经营者、管理者,负责本场所的禁毒宣传教育,落实禁毒防范措施,预防毒品违法犯罪行为在本场所内发生。

第十六条 国家机关、社会团体、企业事业单位以及其他组织,应当加强对本单位人员的禁毒宣传教育。

第十七条 居民委员会、村民委员会应当协助人民政府以及公安机关等部门,加强禁毒宣传教育,落实禁毒防范措施。

第十八条 未成年人的父母或者其他监护人应当对未成年人进行毒品危害的教育,防止其吸食、注射毒品或者进行其他毒品违法犯罪活动。

第三章 毒品管制

第十九条 国家对麻醉药品药用原植物种植实行管制。禁止非法种植罂粟、古柯植物、大麻植物以及国家规定管制的可以用于提炼加工毒品的其他原植物。禁止走私或者非法买卖、运输、携带、持有未经灭活的毒品原植物种子或者幼苗。

地方各级人民政府发现非法种植毒品原植物的,应当立即采取措施予以制止、铲除。村民委员会、居民委员会发现非法种植毒品原植物的,应当及时予以制止、铲除,并向当地公安机关报告。

第二十条 国家确定的麻醉药品药用原植物种植企业,必须按照国家有关规定种植麻醉药品药用原植物。

国家确定的麻醉药品药用原植物种植企业的提取加工场所，以及国家设立的麻醉药品储存仓库，列为国家重点警戒目标。

未经许可，擅自进入国家确定的麻醉药品药用原植物种植企业的提取加工场所或者国家设立的麻醉药品储存仓库等警戒区域的，由警戒人员责令其立即离开；拒不离开的，强行带离现场。

第二十一条 国家对麻醉药品和精神药品实行管制，对麻醉药品和精神药品的实验研究、生产、经营、使用、储存、运输实行许可和查验制度。

国家对易制毒化学品的生产、经营、购买、运输实行许可制度。

禁止非法生产、买卖、运输、储存、提供、持有、使用麻醉药品、精神药品和易制毒化学品。

第二十二条 国家对麻醉药品、精神药品和易制毒化学品的进口、出口实行许可制度。国务院有关部门应当按照规定的职责，对进口、出口麻醉药品、精神药品和易制毒化学品依法进行管理。禁止走私麻醉药品、精神药品和易制毒化学品。

第二十三条 发生麻醉药品、精神药品和易制毒化学品被盗、被抢、丢失或者其他流入非法渠道的情形，案发单位应当立即采取必要的控制措施，并立即向公安机关报告，同时依照规定向有关主管部门报告。

公安机关接到报告后，或者有证据证明麻醉药品、精神药品和易制毒化学品可能流入非法渠道的，应当及时开展调查，并可以对相关单位采取必要的控制措施。药品监督管理部门、卫生行政部门以及其他有关部门应当配合公安机关开展工作。

第二十四条 禁止非法传授麻醉药品、精神药品和易制毒化学品的制造方法。公安机关接到举报或者发现非法传授麻醉药品、精神药品和易制毒化学品制造方法的，应当及时依法查处。

第二十五条 麻醉药品、精神药品和易制毒化学品管理的具体办法，由国务院规定。

第二十六条 公安机关根据查缉毒品的需要,可以在边境地区、交通要道、口岸以及飞机场、火车站、长途汽车站、码头对来往人员、物品、货物以及交通工具进行毒品和易制毒化学品检查,民航、铁路、交通部门应当予以配合。

海关应当依法加强对进出口岸的人员、物品、货物和运输工具的检查,防止走私毒品和易制毒化学品。

邮政企业应当依法加强对邮件的检查,防止邮寄毒品和非法邮寄易制毒化学品。

第二十七条 娱乐场所应当建立巡查制度,发现娱乐场所内有毒品违法犯罪活动的,应当立即向公安机关报告。

第二十八条 对依法查获的毒品,吸食、注射毒品的用具,毒品违法犯罪的非法所得及其收益,以及直接用于实施毒品违法犯罪行为的本人所有的工具、设备、资金,应当收缴,依照规定处理。

第二十九条 反洗钱行政主管部门应当依法加强对可疑毒品犯罪资金的监测。反洗钱行政主管部门和其他依法负有反洗钱监督管理职责的部门、机构发现涉嫌毒品犯罪的资金流动情况,应当及时向侦查机关报告,并配合侦查机关做好侦查、调查工作。

第三十条 国家建立健全毒品监测和禁毒信息系统,开展毒品监测和禁毒信息的收集、分析、使用、交流工作。

第四章 戒毒措施

第三十一条 国家采取各种措施帮助吸毒人员戒除毒瘾,教育和挽救吸毒人员。

吸毒成瘾人员应当进行戒毒治疗。

吸毒成瘾的认定办法,由国务院卫生行政部门、药品监督管理部门、公安部门规定。

第三十二条 公安机关可以对涉嫌吸毒的人员进行必要的检测,被检测人员应当予以配合;对拒绝接受检测的,经县级以上人民政府公安机关或者其派出机构负责人批准，可以强制检测。

公安机关应当对吸毒人员进行登记。

第三十三条 对吸毒成瘾人员，公安机关可以责令其接受社区戒毒，同时通知吸毒人员户籍所在地或者现居住地的城市街道办事处、乡镇人民政府。社区戒毒的期限为三年。

戒毒人员应当在户籍所在地接受社区戒毒；在户籍所在地以外的现居住地有固定住所的，可以在现居住地接受社区戒毒。

第三十四条 城市街道办事处、乡镇人民政府负责社区戒毒工作。城市街道办事处、乡镇人民政府可以指定有关基层组织，根据戒毒人员本人和家庭情况，与戒毒人员签订社区戒毒协议，落实有针对性的社区戒毒措施。公安机关和司法行政、卫生行政、民政等部门应当对社区戒毒工作提供指导和协助。

城市街道办事处、乡镇人民政府，以及县级人民政府劳动行政部门对无职业且缺乏就业能力的戒毒人员，应当提供必要的职业技能培训、就业指导和就业援助。

第三十五条 接受社区戒毒的戒毒人员应当遵守法律、法规，自觉履行社区戒毒协议，并根据公安机关的要求，定期接受检测。

对违反社区戒毒协议的戒毒人员，参与社区戒毒的工作人员应当进行批评、教育；对严重违反社区戒毒协议或者在社区戒毒期间又吸食、注射毒品的，应当及时向公安机关报告。

第三十六条 吸毒人员可以自行到具有戒毒治疗资质的医疗机构接受戒毒治疗。

设置戒毒医疗机构或者医疗机构从事戒毒治疗业务的，应当符合国务院卫生行政部门规定的条件，报所在地的省、自治区、直辖市人民政府卫生行政部门批准，并报同级公安机关备案。

戒毒治疗应当遵守国务院卫生行政部门制定的戒毒治疗规范，接受卫生行政部门的监督检查。

戒毒治疗不得以营利为目的。戒毒治疗的药品、医疗器械和治疗方法不得做广告。戒毒治疗收取费用的,应当按照省、自治区、直辖市人民政府价格主管部门会同卫生行政部门制定的收费标准执行。

第三十七条 医疗机构根据戒毒治疗的需要,可以对接受戒毒治疗的戒毒人员进行身体和所携带物品的检查;对在治疗期间有人身危险的,可以采取必要的临时保护性约束措施。

发现接受戒毒治疗的戒毒人员在治疗期间吸食、注射毒品的,医疗机构应当及时向公安机关报告。

第三十八条 吸毒成瘾人员有下列情形之一的,由县级以上人民政府公安机关作出强制隔离戒毒的决定:

(一)拒绝接受社区戒毒的;

(二)在社区戒毒期间吸食、注射毒品的;

(三)严重违反社区戒毒协议的;

(四)经社区戒毒、强制隔离戒毒后再次吸食、注射毒品的。

对于吸毒成瘾严重,通过社区戒毒难以戒除毒瘾的人员,公安机关可以直接作出强制隔离戒毒的决定。

吸毒成瘾人员自愿接受强制隔离戒毒的,经公安机关同意,可以进入强制隔离戒毒场所戒毒。

第三十九条 怀孕或者正在哺乳自己不满一周岁婴儿的妇女吸毒成瘾的,不适用强制隔离戒毒。不满十六周岁的未成年人吸毒成瘾的,可以不适用强制隔离戒毒。

对依照前款规定不适用强制隔离戒毒的吸毒成瘾人员,依照本法规定进行社区戒毒,由负责社区戒毒工作的城市街道办事处、乡镇人民政府加强帮助、教育和监督,督促落实社区戒毒措施。

第四十条 公安机关对吸毒成瘾人员决定予以强制隔离戒毒的,应当制作强制隔离戒毒决定书,在执行强制隔离戒毒前送达被决定人,并在送达后二十四小时以内通知被决定人的家属、所在单位和户籍所在地公安派出所;被决定人不讲真实姓名、住址,身份不明的,公安机关应当自查清其身份后通知。

被决定人对公安机关作出的强制隔离戒毒决定不服的,可以依法申请行政复议或者提起行政诉讼。

第四十一条 对被决定予以强制隔离戒毒的人员,由作出决定的公安机关送强制隔离戒毒场所执行。

强制隔离戒毒场所的设置、管理体制和经费保障,由国务院规定。

第四十二条 戒毒人员进入强制隔离戒毒场所戒毒时,应当接受对其身体和所携带物品的检查。

第四十三条 强制隔离戒毒场所应当根据戒毒人员吸食、注射毒品的种类及成瘾程度等,对戒毒人员进行有针对性的生理、心理治疗和身体康复训练。

根据戒毒的需要,强制隔离戒毒场所可以组织戒毒人员参加必要的生产劳动,对戒毒人员进行职业技能培训。组织戒毒人员参加生产劳动的,应当支付劳动报酬。

第四十四条 强制隔离戒毒场所应当根据戒毒人员的性别、年龄、患病等情况,对戒毒人员实行分别管理。

强制隔离戒毒场所对有严重残疾或者疾病的戒毒人员,应当给予必要的看护和治疗;对患有传染病的戒毒人员,应当依法采取必要的隔离、治疗措施;对可能发生自伤、自残等情形的戒毒人员,可以采取相应的保护性约束措施。

强制隔离戒毒场所管理人员不得体罚、虐待或者侮辱戒毒人员。

第四十五条 强制隔离戒毒场所应当根据戒毒治疗的需要配备执业医师。强制隔离戒毒场所的执业医师具有麻醉药品和精神药品处方权的,可以按照有关技术规范对戒毒人员使用麻醉药品、精神药品。

卫生行政部门应当加强对强制隔离戒毒场所执业医师的业务指导和监督管理。

第四十六条 戒毒人员的亲属和所在单位或者就读学校的工作人员,可以按照有关规定探访戒毒人员。戒毒人员经强制隔离戒毒场所批准,可以外出探视配偶、直系亲属。

强制隔离戒毒场所管理人员应当对强制隔离戒毒场所以外的人员交给戒毒人员的物品和邮件进行检查,防止夹带毒品。在检查邮件时,应当依法保护戒毒人员的通信自由和通信秘密。

第四十七条 强制隔离戒毒的期限为二年。

执行强制隔离戒毒一年后,经诊断评估,对于戒毒情况良好的戒毒人员,强制隔离戒毒场所可以提出提前解除强制隔离戒毒的意见,报强制隔离戒毒的决定机关批准。

强制隔离戒毒期满前,经诊断评估,对于需要延长戒毒期限的戒毒人员,由强制隔离戒毒场所提出延长戒毒期限的意见,报强制隔离戒毒的决定机关批准。强制隔离戒毒的期限最长可以延长一年。

第四十八条 对于被解除强制隔离戒毒的人员,强制隔离戒毒的决定机关可以责令其接受不超过三年的社区康复。

社区康复参照本法关于社区戒毒的规定实施。

第四十九条 县级以上地方各级人民政府根据戒毒工作的需要,可以开办戒毒康复场所;对社会力量依法开办的公益性戒毒康复场所应当给予扶持,提供必要的便利和帮助。

戒毒人员可以自愿在戒毒康复场所生活、劳动。戒毒康复场所组织戒毒人员参加生产劳动的,应当参照国家劳动用工制度的规定支付劳动报酬。

第五十条 公安机关、司法行政部门对被依法拘留、逮捕、收监执行刑罚以及被依法采取强制性教育措施的吸毒人员,应当给予必要的戒毒治疗。

第五十一条 省、自治区、直辖市人民政府卫生行政部门会同公安机关、药品监督管理部门依照国家有关规定,根据巩固戒毒成果的需要和本行政区域艾滋病流行情况,可以组织开展戒毒药物维持治疗工作。

第五十二条 戒毒人员在入学、就业、享受社会保障等方面不受歧视。有关部门、组织和人员应当在入学、就业、享受社会保障等方面对戒毒人员给予必要的指导和帮助。

第五章　禁毒国际合作

第五十三条　中华人民共和国根据缔结或者参加的国际条约或者按照对等原则，开展禁毒国际合作。

第五十四条　国家禁毒委员会根据国务院授权，负责组织开展禁毒国际合作，履行国际禁毒公约义务。

第五十五条　涉及追究毒品犯罪的司法协助，由司法机关依照有关法律的规定办理。

第五十六条　国务院有关部门应当按照各自职责，加强与有关国家或者地区执法机关以及国际组织的禁毒情报信息交流，依法开展禁毒执法合作。

经国务院公安部门批准，边境地区县级以上人民政府公安机关可以与有关国家或者地区的执法机关开展执法合作。

第五十七条　通过禁毒国际合作破获毒品犯罪案件的，中华人民共和国政府可以与有关国家分享查获的非法所得、由非法所得获得的收益以及供毒品犯罪使用的财物或者财物变卖所得的款项。

第五十八条　国务院有关部门根据国务院授权，可以通过对外援助等渠道，支持有关国家实施毒品原植物替代种植、发展替代产业。

第六章　法 律 责 任

第五十九条　有下列行为之一，构成犯罪的，依法追究刑事责任；尚不构成犯罪的，依法给予治安管理处罚：

（一）走私、贩卖、运输、制造毒品的；

（二）非法持有毒品的；

（三）非法种植毒品原植物的；

（四）非法买卖、运输、携带、持有未经灭活的毒品原植物种子或者幼苗的；

（五）非法传授麻醉药品、精神药品或者易制毒化学品制造方法的；

（六）强迫、引诱、教唆、欺骗他人吸食、注射毒品的；

（七）向他人提供毒品的。

第六十条　有下列行为之一，构成犯罪的，依法追究刑事责任；尚不构成犯罪的，依法给予治安管理处罚：

（一）包庇走私、贩卖、运输、制造毒品的犯罪分子，以及为犯罪分子窝藏、转移、隐瞒毒品或者犯罪所得财物的；

（二）在公安机关查处毒品违法犯罪活动时为违法犯罪行为人通风报信的；

（三）阻碍依法进行毒品检查的；

（四）隐藏、转移、变卖或者损毁司法机关、行政执法机关依法扣押、查封、冻结的涉及毒品违法犯罪活动的财物的。

第六十一条　容留他人吸食、注射毒品或者介绍买卖毒品，构成犯罪的，依法追究刑事责任；尚不构成犯罪的，由公安机关处十日以上十五日以下拘留，可以并处三千元以下罚款；情节较轻的，处五日以下拘留或者五百元以下罚款。

第六十二条　吸食、注射毒品的，依法给予治安管理处罚。吸毒人员主动到公安机关登记或者到有资质的医疗机构接受戒毒治疗的，不予处罚。

第六十三条　在麻醉药品、精神药品的实验研究、生产、经营、使用、储存、运输、进口、出口以及麻醉药品药用原植物种植活动中，违反国家规定，致使麻醉药品、精神药品或者麻醉药品药用原植物流入非法渠道，构成犯罪的，依法追究刑事责任；尚不构成犯罪的，依照有关法律、行政法规的规定给予处罚。

第六十四条　在易制毒化学品的生产、经营、购买、运输或者进口、出口活动中，违反国家规定，致使易制毒化学品流入非法渠道，构成犯罪的,依法追究刑事责任;尚不构成犯罪的,依照有关法律、行政法规的规定给予处罚。

第六十五条 娱乐场所及其从业人员实施毒品违法犯罪行为,或者为进入娱乐场所的人员实施毒品违法犯罪行为提供条件,构成犯罪的,依法追究刑事责任;尚不构成犯罪的,依照有关法律、行政法规的规定给予处罚。

娱乐场所经营管理人员明知场所内发生聚众吸食、注射毒品或者贩毒活动,不向公安机关报告的,依照前款的规定给予处罚。

第六十六条 未经批准,擅自从事戒毒治疗业务的,由卫生行政部门责令停止违法业务活动,没收违法所得和使用的药品、医疗器械等物品;构成犯罪的,依法追究刑事责任。

第六十七条 戒毒医疗机构发现接受戒毒治疗的戒毒人员在治疗期间吸食、注射毒品,不向公安机关报告的,由卫生行政部门责令改正;情节严重的,责令停业整顿。

第六十八条 强制隔离戒毒场所、医疗机构、医师违反规定使用麻醉药品、精神药品,构成犯罪的,依法追究刑事责任;尚不构成犯罪的,依照有关法律、行政法规的规定给予处罚。

第六十九条 公安机关、司法行政部门或者其他有关主管部门的工作人员在禁毒工作中有下列行为之一,构成犯罪的,依法追究刑事责任;尚不构成犯罪的,依法给予处分:

(一)包庇、纵容毒品违法犯罪人员的;

(二)对戒毒人员有体罚、虐待、侮辱等行为的;

(三)挪用、截留、克扣禁毒经费的;

(四)擅自处分查获的毒品和扣押、查封、冻结的涉及毒品违法犯罪活动的财物的。

第七十条 有关单位及其工作人员在入学、就业、享受社会保障等方面歧视戒毒人员的,由教育行政部门、劳动行政部门责令改正;给当事人造成损失的,依法承担赔偿责任。

第七章 附　　则

第七十一条 本法自 2008 年 6 月 1 日起施行。《全国人民代表大会常务委员会关于禁毒的决定》同时废止。

附录3　戒毒条例

中华人民共和国国务院令

第　597　号

《戒毒条例》已经2011年6月22日国务院第160次常务会议通过，现予公布，自公布之日起施行。

第一章　总　　则

第一条　为了规范戒毒工作，帮助吸毒成瘾人员戒除毒瘾，维护社会秩序，根据《中华人民共和国禁毒法》，制定本条例。

第二条　县级以上人民政府应当建立政府统一领导，禁毒委员会组织、协调、指导，有关部门各负其责，社会力量广泛参与的戒毒工作体制。

戒毒工作坚持以人为本、科学戒毒、综合矫治、关怀救助的原则，采取自愿戒毒、社区戒毒、强制隔离戒毒、社区康复等多种措施，建立戒毒治疗、康复指导、救助服务兼备的工作体系。

第三条　县级以上人民政府应当按照国家有关规定将戒毒工作所需经费列入本级财政预算。

第四条　县级以上地方人民政府设立的禁毒委员会可以组织公安机关、卫生行政和药品监督管理部门开展吸毒监测、调查，并向社会公开监测、调查结果。

县级以上地方人民政府公安机关负责对涉嫌吸毒人员进行检测，对吸毒人员进行登记并依法实行动态管控，依法责令社区戒毒、决定强制隔离戒毒、责令社区康复，管理公安机关的强制隔离戒毒场所、戒毒康复场所，对社区戒毒、社区康复工作提供指导和支持。

设区的市级以上地方人民政府司法行政部门负责管理司法行政部门的强制隔离戒毒场所、戒毒康复场所，对社区戒毒、社区康复工作提供指导和支持。

县级以上地方人民政府卫生行政部门负责戒毒医疗机构的监督管理，会同公安机关、司法行政等部门制定戒毒医疗机构设置规划，对戒毒医疗服务提供指导和支持。

县级以上地方人民政府民政、人力资源社会保障、教育等部门依据各自的职责，对社区戒毒、社区康复工作提供康复和职业技能培训等指导和支持。

第五条　乡（镇）人民政府、城市街道办事处负责社区戒毒、社区康复工作。

第六条　县级、设区的市级人民政府需要设置强制隔离戒毒场所、戒毒康复场所的，应当合理布局，报省、自治区、直辖市人民政府批准，并纳入当地国民经济和社会发展规划。

强制隔离戒毒场所、戒毒康复场所的建设标准，由国务院建设部门、发展改革部门会同国务院公安部门、司法行政部门制定。

第七条　戒毒人员在入学、就业、享受社会保障等方面不受歧视。

对戒毒人员戒毒的个人信息应当依法予以保密。对戒断3年未复吸的人员，不再实行动态管控。

第八条　国家鼓励、扶持社会组织、企业、事业单位和个人参与戒毒科研、戒毒社会服务和戒毒社会公益事业。

对在戒毒工作中有显著成绩和突出贡献的，按照国家有关规定给予表彰、奖励。

第二章　自 愿 戒 毒

第九条　国家鼓励吸毒成瘾人员自行戒除毒瘾。吸毒人员可以自行到戒毒医疗机构接受戒毒治疗。对自愿接受戒毒治疗的吸毒人员,公安机关对其原吸毒行为不予处罚。

第十条　戒毒医疗机构应当与自愿戒毒人员或者其监护人签订自愿戒毒协议,就戒毒方法、戒毒期限、戒毒的个人信息保密、戒毒人员应当遵守的规章制度、终止戒毒治疗的情形等作出约定,并应当载明戒毒疗效、戒毒治疗风险。

第十一条　戒毒医疗机构应当履行下列义务:

(一)对自愿戒毒人员开展艾滋病等传染病的预防、咨询教育;

(二)对自愿戒毒人员采取脱毒治疗、心理康复、行为矫治等多种治疗措施,并应当符合国务院卫生行政部门制定的戒毒治疗规范;

(三)采用科学、规范的诊疗技术和方法,使用的药物、医院制剂、医疗器械应当符合国家有关规定;

(四)依法加强药品管理,防止麻醉药品、精神药品流失滥用。

第十二条　符合参加戒毒药物维持治疗条件的戒毒人员,由本人申请,并经登记,可以参加戒毒药物维持治疗。登记参加戒毒药物维持治疗的戒毒人员的信息应当及时报公安机关备案。

戒毒药物维持治疗的管理办法,由国务院卫生行政部门会同国务院公安部门、药品监督管理部门制定。

第三章　社 区 戒 毒

第十三条　对吸毒成瘾人员,县级、设区的市级人民政府公安机关可以责令其接受社区戒毒,并出具责令社区戒毒决定书,送达本人及其家属,通知本人户籍所在地或者现居住地乡(镇)人民政府、城市街道办事处。

第十四条　社区戒毒人员应当自收到责令社区戒毒决定书之日

起 15 日内到社区戒毒执行地乡(镇)人民政府、城市街道办事处报到,无正当理由逾期不报到的,视为拒绝接受社区戒毒。

社区戒毒的期限为 3 年,自报到之日起计算。

第十五条 乡(镇)人民政府、城市街道办事处应当根据工作需要成立社区戒毒工作领导小组,配备社区戒毒专职工作人员,制定社区戒毒工作计划,落实社区戒毒措施。

第十六条 乡(镇)人民政府、城市街道办事处,应当在社区戒毒人员报到后及时与其签订社区戒毒协议,明确社区戒毒的具体措施、社区戒毒人员应当遵守的规定以及违反社区戒毒协议应承担的责任。

第十七条 社区戒毒专职工作人员、社区民警、社区医务人员、社区戒毒人员的家庭成员以及禁毒志愿者共同组成社区戒毒工作小组具体实施社区戒毒。

第十八条 乡(镇)人民政府、城市街道办事处和社区戒毒工作小组应当采取下列措施管理、帮助社区戒毒人员:

(一)戒毒知识辅导;

(二)教育、劝诫;

(三)职业技能培训,职业指导,就学、就业、就医援助;

(四)帮助戒毒人员戒除毒瘾的其他措施。

第十九条 社区戒毒人员应当遵守下列规定:

(一)履行社区戒毒协议;

(二)根据公安机关的要求,定期接受检测;

(三)离开社区戒毒执行地所在县(市、区)3 日以上的,须书面报告。

第二十条 社区戒毒人员在社区戒毒期间,逃避或者拒绝接受检测 3 次以上,擅自离开社区戒毒执行地所在县(市、区)3 次以上或者累计超过 30 日的,属于《中华人民共和国禁毒法》规定的"严重违反社区戒毒协议"。

第二十一条 社区戒毒人员拒绝接受社区戒毒,在社区戒毒期间又吸食、注射毒品，以及严重违反社区戒毒协议的，社区戒毒专职工作人员应当及时向当地公安机关报告。

第二十二条 社区戒毒人员的户籍所在地或者现居住地发生变化，需要变更社区戒毒执行地的，社区戒毒执行地乡（镇）人民政府、城市街道办事处应当将有关材料转送至变更后的乡（镇）人民政府、城市街道办事处。

社区戒毒人员应当自社区戒毒执行地变更之日起15日内前往变更后的乡（镇）人民政府、城市街道办事处报到，社区戒毒时间自报到之日起连续计算。

变更后的乡（镇）人民政府、城市街道办事处，应当按照本条例第十六条的规定，与社区戒毒人员签订新的社区戒毒协议，继续执行社区戒毒。

第二十三条 社区戒毒自期满之日起解除。社区戒毒执行地公安机关应当出具解除社区戒毒通知书送达社区戒毒人员本人及其家属，并在7日内通知社区戒毒执行地乡（镇）人民政府、城市街道办事处。

第二十四条 社区戒毒人员被依法收监执行刑罚、采取强制性教育措施的，社区戒毒终止。

社区戒毒人员被依法拘留、逮捕的，社区戒毒中止，由羁押场所给予必要的戒毒治疗，释放后继续接受社区戒毒。

第四章 强制隔离戒毒

第二十五条 吸毒成瘾人员有《中华人民共和国禁毒法》第三十八条第一款所列情形之一的，由县级、设区的市级人民政府公安机关作出强制隔离戒毒的决定。

对于吸毒成瘾严重，通过社区戒毒难以戒除毒瘾的人员，县级、设区的市级人民政府公安机关可以直接作出强制隔离戒毒的决定。

吸毒成瘾人员自愿接受强制隔离戒毒的，经强制隔离戒毒场所所在地县级、设区的市级人民政府公安机关同意，可以进入强制隔离戒毒场所戒毒。强制隔离戒毒场所应当与其就戒毒治疗期限、戒毒治疗措施等作出约定。

第二十六条 对依照《中华人民共和国禁毒法》第三十九条第一款规定不适用强制隔离戒毒的吸毒成瘾人员，县级、设区的市级人民政府公安机关应当作出社区戒毒的决定，依照本条例第三章的规定进行社区戒毒。

第二十七条 强制隔离戒毒的期限为2年，自作出强制隔离戒毒决定之日起计算。

被强制隔离戒毒的人员在公安机关的强制隔离戒毒场所执行强制隔离戒毒3个月至6个月后，转至司法行政部门的强制隔离戒毒场所继续执行强制隔离戒毒。

执行前款规定不具备条件的省、自治区、直辖市，由公安机关和司法行政部门共同提出意见报省、自治区、直辖市人民政府决定具体执行方案，但在公安机关的强制隔离戒毒场所执行强制隔离戒毒的时间不得超过12个月。

第二十八条 强制隔离戒毒场所对强制隔离戒毒人员的身体和携带物品进行检查时发现的毒品等违禁品，应当依法处理；对生活必需品以外的其他物品，由强制隔离戒毒场所代为保管。

女性强制隔离戒毒人员的身体检查，应当由女性工作人员进行。

第二十九条 强制隔离戒毒场所设立戒毒医疗机构应当经所在地省、自治区、直辖市人民政府卫生行政部门批准。强制隔离戒毒场所应当配备设施设备及必要的管理人员，依法为强制隔离戒毒人员提供科学规范的戒毒治疗、心理治疗、身体康复训练和卫生、道德、法制教育，开展职业技能培训。

第三十条 强制隔离戒毒场所应当根据强制隔离戒毒人员的性别、年龄、患病等情况对强制隔离戒毒人员实行分别管理；对吸食不同种类毒品的，应当有针对性地采取必要的治疗措施；根据戒毒治疗的不同阶段和强制隔离戒毒人员的表现，实行逐步适应社会的分级管理。

第三十一条 强制隔离戒毒人员患严重疾病,不出所治疗可能危及生命的,经强制隔离戒毒场所主管机关批准,并报强制隔离戒毒决定机关备案,强制隔离戒毒场所可以允许其所外就医。所外就医的费用由强制隔离戒毒人员本人承担。

所外就医期间,强制隔离戒毒期限连续计算。对于健康状况不再适宜回所执行强制隔离戒毒的,强制隔离戒毒场所应当向强制隔离戒毒决定机关提出变更为社区戒毒的建议,强制隔离戒毒决定机关应当自收到建议之日起7日内,作出是否批准的决定。经批准变更为社区戒毒的,已执行的强制隔离戒毒期限折抵社区戒毒期限。

第三十二条 强制隔离戒毒人员脱逃的,强制隔离戒毒场所应当立即通知所在地县级人民政府公安机关,并配合公安机关追回脱逃人员。被追回的强制隔离戒毒人员应当继续执行强制隔离戒毒,脱逃期间不计入强制隔离戒毒期限。被追回的强制隔离戒毒人员不得提前解除强制隔离戒毒。

第三十三条 对强制隔离戒毒场所依照《中华人民共和国禁毒法》第四十七条第二款、第三款规定提出的提前解除强制隔离戒毒、延长戒毒期限的意见,强制隔离戒毒决定机关应当自收到意见之日起7日内,作出是否批准的决定。对提前解除强制隔离戒毒或者延长强制隔离戒毒期限的,批准机关应当出具提前解除强制隔离戒毒决定书或者延长强制隔离戒毒期限决定书,送达被决定人,并在送达后24小时以内通知被决定人的家属、所在单位以及其户籍所在地或者现居住地公安派出所。

第三十四条 解除强制隔离戒毒的,强制隔离戒毒场所应当在解除强制隔离戒毒3日前通知强制隔离戒毒决定机关,出具解除强制隔离戒毒证明书送达戒毒人员本人,并通知其家属、所在单位、其户籍所在地或者现居住地公安派出所将其领回。

第三十五条 强制隔离戒毒诊断评估办法由国务院公安部门、司法行政部门会同国务院卫生行政部门制定。

第三十六条 强制隔离戒毒人员被依法收监执行刑罚、采取强制性教育措施或者被依法拘留、逮捕的,由监管场所、羁押场所给予必要的戒毒治疗,强制隔离戒毒的时间连续计算;刑罚执行完毕时、解除强制性教育措施时或者释放时强制隔离戒毒尚未期满的,继续执行强制隔离戒毒。

第五章 社区康复

第三十七条 对解除强制隔离戒毒的人员,强制隔离戒毒的决定机关可以责令其接受不超过 3 年的社区康复。

社区康复在当事人户籍所在地或者现居住地乡(镇)人民政府、城市街道办事处执行,经当事人同意,也可以在戒毒康复场所中执行。

第三十八条 被责令接受社区康复的人员,应当自收到责令社区康复决定书之日起 15 日内到户籍所在地或者现居住地乡(镇)人民政府、城市街道办事处报到,签订社区康复协议。

被责令接受社区康复的人员拒绝接受社区康复或者严重违反社区康复协议,并再次吸食、注射毒品被决定强制隔离戒毒的,强制隔离戒毒不得提前解除。

第三十九条 负责社区康复工作的人员应当为社区康复人员提供必要的心理治疗和辅导、职业技能培训、职业指导以及就学、就业、就医援助。

第四十条 社区康复自期满之日起解除。社区康复执行地公安机关出具解除社区康复通知书送达社区康复人员本人及其家属,并在 7 日内通知社区康复执行地乡(镇)人民政府、城市街道办事处。

第四十一条 自愿戒毒人员、社区戒毒、社区康复的人员可以自愿与戒毒康复场所签订协议,到戒毒康复场所戒毒康复、生活和劳动。

戒毒康复场所应当配备必要的管理人员和医务人员,为戒毒人员提供戒毒康复、职业技能培训和生产劳动条件。

第四十二条 戒毒康复场所应当加强管理,严禁毒品流入,并建立戒毒康复人员自我管理、自我教育、自我服务的机制。

戒毒康复场所组织戒毒人员参加生产劳动，应当参照国家劳动用工制度的规定支付劳动报酬。

第六章　法律责任

第四十三条　公安、司法行政、卫生行政等有关部门工作人员泄露戒毒人员个人信息的，依法给予处分；构成犯罪的，依法追究刑事责任。

第四十四条　乡（镇）人民政府、城市街道办事处负责社区戒毒、社区康复工作的人员有下列行为之一的，依法给予处分：

（一）未与社区戒毒、社区康复人员签订社区戒毒、社区康复协议，不落实社区戒毒、社区康复措施的；

（二）不履行本条例第二十一条规定的报告义务的；

（三）其他不履行社区戒毒、社区康复监督职责的行为。

第四十五条　强制隔离戒毒场所的工作人员有下列行为之一的，依法给予处分；构成犯罪的，依法追究刑事责任：

（一）侮辱、虐待、体罚强制隔离戒毒人员的；

（二）收受、索要财物的；

（三）擅自使用、损毁、处理没收或者代为保管的财物的；

（四）为强制隔离戒毒人员提供麻醉药品、精神药品或者违反规定传递其他物品的；

（五）在强制隔离戒毒诊断评估工作中弄虚作假的；

（六）私放强制隔离戒毒人员的；

（七）其他徇私舞弊、玩忽职守、不履行法定职责的行为。

第七章　附　　则

第四十六条　本条例自公布之日起施行。1995 年 1 月 12 日国务院发布的《强制戒毒办法》同时废止。

附录4　吸毒成瘾认定办法

（公安部令第 **115** 号）

《吸毒成瘾认定办法》已经2010年11月19日公安部部长办公会议通过，并经卫生部同意，现予发布，自2011年4月1日起施行。

第一条　为规范吸毒成瘾认定工作，科学认定吸毒成瘾人员，依法对吸毒成瘾人员采取戒毒措施和提供戒毒治疗，根据《中华人民共和国禁毒法》，制定本办法。

第二条　本办法所称吸毒成瘾，是指吸毒人员因反复使用毒品而导致的慢性复发性脑病，表现为不顾不良后果、强迫性寻求及使用毒品的行为，同时伴有不同程度的个人健康及社会功能损害。

第三条　本办法所称吸毒成瘾认定，是指公安机关或者其委托的戒毒医疗机构通过对吸毒人员进行人体生物样本检测、收集其吸毒证据或者根据生理、心理、精神的症状、体征等情况，判断其是否成瘾以及是否成瘾严重的工作。

本办法所称戒毒医疗机构，是指符合《戒毒医疗服务管理暂行办法》规定的专科戒毒医院和设有戒毒治疗科室的其他医疗机构。

第四条 公安机关在执法活动中发现吸毒人员，应当进行吸毒成瘾认定；因技术原因认定有困难的，可以委托有资质的戒毒医疗机构进行认定。

第五条 承担吸毒成瘾认定工作的戒毒医疗机构，由省级卫生行政部门会同同级公安机关指定。

第六条 公安机关认定吸毒成瘾，应当由两名以上人民警察进行，并在作出人体生物样本检测结论的二十四小时内提出认定意见，由认定人员签名，经所在单位负责人审核，加盖所在单位印章。

有关证据材料，应当作为认定意见的组成部分。

第七条 吸毒人员同时具备以下情形的，公安机关认定其吸毒成瘾：

（一）经人体生物样本检测证明其体内含有毒品成分；

（二）有证据证明其有使用毒品行为；

（三）有戒断症状或者有证据证明吸毒史，包括曾经因使用毒品被公安机关查处或者曾经进行自愿戒毒等情形。

戒断症状的具体情形，参照卫生部制定的《阿片类药物依赖诊断治疗指导原则》和《苯丙胺类药物依赖诊断治疗指导原则》确定。

第八条 吸毒成瘾人员具有下列情形之一的，公安机关认定其吸毒成瘾严重：

（一）曾经被责令社区戒毒、强制隔离戒毒（含《禁毒法》实施以前被强制戒毒或者劳教戒毒）、社区康复或者参加过戒毒药物维持治疗，再次吸食、注射毒品的；

（二）有证据证明其采取注射方式使用毒品或者多次使用两类以上毒品的；

（三）有证据证明其使用毒品后伴有聚众淫乱、自伤自残或者暴力侵犯他人人身、财产安全等行为的。

第九条 公安机关在吸毒成瘾认定过程中实施人体生物样本检测，依照公安部制定的《吸毒检测程序规定》的有关规定执行。

第十条 公安机关承担吸毒成瘾认定工作的人民警察，应当同时具备以下条件：

（一）具有二级警员以上警衔及两年以上相关执法工作经历；

（二）经省级公安机关、卫生行政部门组织培训并考核合格。

第十一条 公安机关委托戒毒医疗机构进行吸毒成瘾认定后，应当在吸毒人员末次吸毒的七十二小时内予以委托并提交委托函。超过七十二小时委托后，戒毒医疗机构可以不予受理。

第十二条 承担吸毒成瘾认定工作的戒毒医疗机构及其医务人员，应当依照《戒毒医疗服务管理暂行办法》的有关规定进行吸毒成瘾认定工作。

第十三条 戒毒医疗机构认定吸毒成瘾，应当由两名承担吸毒成瘾认定工作的医师进行。

第十四条 承担吸毒成瘾认定工作的医师，应当同时具备以下条件：

（一）符合《戒毒医疗服务管理暂行办法》的有关规定；

（二）从事戒毒医疗工作不少于三年；

（三）具有中级以上专业技术职务任职资格。

第十五条 戒毒医疗机构对吸毒人员采集病史和体格检查时，委托认定的公安机关应当派有关人员在场协助。

第十六条 戒毒医疗机构认为需要对吸毒人员进行人体生物样本检测的，委托认定的公安机关应当协助提供现场采集的检测样本。

戒毒医疗机构认为需要重新采集其他人体生物检测样本的，委托认定的公安机关应当予以协助。

第十七条 戒毒医疗机构使用的检测试剂，应当是经国家食品药品监督管理局批准的产品，并避免与常见药物发生交叉反应。

第十八条 戒毒医疗机构及其医务人员应当依照诊疗规范、常规和有关规定，结合吸毒人员的病史、精神症状检查、体格检查和人体生物样本检测结果等，对吸毒人员进行吸毒成瘾认定。

第十九条 戒毒医疗机构应当自接受委托认定之日起三个工作日内出具吸毒成瘾认定报告,由认定人员签名并加盖戒毒医疗机构公章。认定报告一式二份,一份交委托认定的公安机关,一份留存备查。

第二十条 委托戒毒医疗机构进行吸毒成瘾认定的费用由委托单位承担。

第二十一条 各级公安机关、卫生行政部门应当加强对吸毒成瘾认定工作的指导和管理。

第二十二条 任何单位和个人不得违反规定泄露承担吸毒成瘾认定工作相关工作人员及被认定人员的信息。

第二十三条 公安机关、戒毒医疗机构以及承担认定工作的相关人员违反本办法规定的,依照有关法律法规追究责任。

第二十四条 本办法自 2011 年 4 月 1 日起施行。

附录5　最高人民法院关于审理毒品犯罪案件适用法律若干问题的解释

（2016年1月25日最高人民法院审判委员会第1676次会议通过，自2016年4月11日起施行）

法释〔2016〕8号

为依法惩治毒品犯罪，根据《中华人民共和国刑法》的有关规定，现就审理此类刑事案件适用法律的若干问题解释如下：

第一条　走私、贩卖、运输、制造、非法持有下列毒品，应当认定为刑法第三百四十七条第二款第一项、第三百四十八条规定的“其他毒品数量大”：

（一）可卡因五十克以上；

（二）3，4－亚甲二氧基甲基苯丙胺（MDMA）等苯丙胺类毒品（甲基苯丙胺除外）、吗啡一百克以上；

（三）芬太尼一百二十五克以上；

（四）甲卡西酮二百克以上；

（五）二氢埃托啡十毫克以上；

（六）哌替啶（杜冷丁）二百五十克以上；

（七）氯胺酮五百克以上；

（八）美沙酮一千克以上；

（九）曲马多、γ－羟丁酸二千克以上；

（十）大麻油五千克、大麻脂十千克、大麻叶及大麻烟一百五十千克以上；

（十一）可待因、丁丙诺啡五千克以上；

（十二）三唑仑、安眠酮五十千克以上；

（十三）阿普唑仑、恰特草一百千克以上；

（十四）咖啡因、罂粟壳二百千克以上；

（十五）巴比妥、苯巴比妥、安钠咖、尼美西泮二百五十千克以上；

（十六）氯氮卓、艾司唑仑、地西泮、溴西泮五百千克以上；

（十七）上述毒品以外的其他毒品数量大的。

国家定点生产企业按照标准规格生产的麻醉药品或者精神药品被用于毒品犯罪的，根据药品中毒品成分的含量认定涉案毒品数量。

第二条 走私、贩卖、运输、制造、非法持有下列毒品，应当认定为刑法第三百四十七条第三款、第三百四十八条规定的“其他毒品数量较大”：

（一）可卡因十克以上不满五十克；

（二）3，4－亚甲二氧基甲基苯丙胺（MDMA）等苯丙胺类毒品（甲基苯丙胺除外）、吗啡二十克以上不满一百克；

（三）芬太尼二十五克以上不满一百二十五克；

（四）甲卡西酮四十克以上不满二百克；

（五）二氢埃托啡二毫克以上不满十毫克；

（六）哌替啶（杜冷丁）五十克以上不满二百五十克；

（七）氯胺酮一百克以上不满五百克；

（八）美沙酮二百克以上不满一千克；

（九）曲马多、γ－羟丁酸四百克以上不满二千克；

（十）大麻油一千克以上不满五千克、大麻脂二千克以上不满十千克、大麻叶及大麻烟三十千克以上不满一百五十千克；

（十一）可待因、丁丙诺啡一千克以上不满五千克；

（十二）三唑仑、安眠酮十千克以上不满五十千克；

（十三）阿普唑仑、恰特草二十千克以上不满一百千克；

（十四）咖啡因、罂粟壳四十千克以上不满二百千克；

（十五）巴比妥、苯巴比妥、安钠咖、尼美西泮五十千克以上不满二百五十千克；

（十六）氯氮卓、艾司唑仑、地西泮、溴西泮一百千克以上不满五百千克；

（十七）上述毒品以外的其他毒品数量较大的。

第三条 在实施走私、贩卖、运输、制造毒品犯罪的过程中，携带枪支、弹药或者爆炸物用于掩护的，应当认定为刑法第三百四十七条第二款第三项规定的“武装掩护走私、贩卖、运输、制造毒品”。枪支、弹药、爆炸物种类的认定，依照相关司法解释的规定执行。

在实施走私、贩卖、运输、制造毒品犯罪的过程中，以暴力抗拒检查、拘留、逮捕，造成执法人员死亡、重伤、多人轻伤或者具有其他严重情节的，应当认定为刑法第三百四十七条第二款第四项规定的“以暴力抗拒检查、拘留、逮捕，情节严重”。

第四条 走私、贩卖、运输、制造毒品，具有下列情形之一的，应当认定为刑法第三百四十七条第四款规定的“情节严重”：

（一）向多人贩卖毒品或者多次走私、贩卖、运输、制造毒品的；

（二）在戒毒场所、监管场所贩卖毒品的；

（三）向在校学生贩卖毒品的；

（四）组织、利用残疾人、严重疾病患者、怀孕或者正在哺乳自己婴儿的妇女走私、贩卖、运输、制造毒品的；

（五）国家工作人员走私、贩卖、运输、制造毒品的；

（六）其他情节严重的情形。

第五条 非法持有毒品达到刑法第三百四十八条或者本解释第二条规定的“数量较大”标准，且具有下列情形之一的，应当认定为刑法第三百四十八条规定的“情节严重”：

（一）在戒毒场所、监管场所非法持有毒品的；

（二）利用、教唆未成年人非法持有毒品的；

（三）国家工作人员非法持有毒品的；

（四）其他情节严重的情形。

第六条 包庇走私、贩卖、运输、制造毒品的犯罪分子，具有下列情形之一的，应当认定为刑法第三百四十九条第一款规定的"情节严重"：

（一）被包庇的犯罪分子依法应当判处十五年有期徒刑以上刑罚的；

（二）包庇多名或者多次包庇走私、贩卖、运输、制造毒品的犯罪分子的；

（三）严重妨害司法机关对被包庇的犯罪分子实施的毒品犯罪进行追究的；

（四）其他情节严重的情形。

为走私、贩卖、运输、制造毒品的犯罪分子窝藏、转移、隐瞒毒品或者毒品犯罪所得的财物，具有下列情形之一的，应当认定为刑法第三百四十九条第一款规定的"情节严重"：

（一）为犯罪分子窝藏、转移、隐瞒毒品达到刑法第三百四十七条第二款第一项或者本解释第一条第一款规定的"数量大"标准的；

（二）为犯罪分子窝藏、转移、隐瞒毒品犯罪所得的财物价值达到五万元以上的；

（三）为多人或者多次为他人窝藏、转移、隐瞒毒品或者毒品犯罪所得的财物的；

（四）严重妨害司法机关对该犯罪分子实施的毒品犯罪进行追究的；

（五）其他情节严重的情形。

包庇走私、贩卖、运输、制造毒品的近亲属，或者为其窝藏、转移、隐瞒毒品或者毒品犯罪所得的财物，不具有本条前两款规定的"情节严重"情形，归案后认罪、悔罪、积极退赃，且系初犯、偶犯，犯罪情节轻微不需要判处刑罚的，可以免予刑事处罚。

第七条 违反国家规定，非法生产、买卖、运输制毒物品、走私制毒物品，达到下列数量标准的，应当认定为刑法第三百五十条第一款规定的"情节较重"：

（一）麻黄碱（麻黄素）、伪麻黄碱（伪麻黄素）、消旋麻黄碱（消旋麻黄素）一千克以上不满五千克；

（二）1－苯基－2－丙酮、1－苯基－2－溴－1－丙酮、3,4－亚甲基二氧苯基－2－丙酮、羟亚胺二千克以上不满十千克；

（三）3－氧－2－苯基丁腈、邻氯苯基环戊酮、去甲麻黄碱（去甲麻黄素）、甲基麻黄碱（甲基麻黄素）四千克以上不满二十千克；

（四）醋酸酐十千克以上不满五十千克；

（五）麻黄浸膏、麻黄浸膏粉、胡椒醛、黄樟素、黄樟油、异黄樟素、麦角酸、麦角胺、麦角新碱、苯乙酸二十千克以上不满一百千克；

（六）N－乙酰邻氨基苯酸、邻氨基苯甲酸、三氯甲烷、乙醚、哌啶五十千克以上不满二百五十千克；

（七）甲苯、丙酮、甲基乙基酮、高锰酸钾、硫酸、盐酸一百千克以上不满五百千克；

（八）其他制毒物品数量相当的。

违反国家规定，非法生产、买卖、运输制毒物品、走私制毒物品，达到前款规定的数量标准最低值的百分之五十，且具有下列情形之一的，应当认定为刑法第三百五十条第一款规定的"情节较重"：

（一）曾因非法生产、买卖、运输制毒物品、走私制毒物品受过刑事处罚的；

（二）二年内曾因非法生产、买卖、运输制毒物品、走私制毒物品受过行政处罚的；

（三）一次组织五人以上或者多次非法生产、买卖、运输制毒物品、走私制毒物品，或者在多个地点非法生产制毒物品的；

（四）利用、教唆未成年人非法生产、买卖、运输制毒物品、走私制毒物品的；

（五）国家工作人员非法生产、买卖、运输制毒物品、走私制毒物品的；

（六）严重影响群众正常生产、生活秩序的；

（七）其他情节较重的情形。

易制毒化学品生产、经营、购买、运输单位或者个人未办理许可证明或者备案证明，生产、销售、购买、运输易制毒化学品，确实用于合法生产、生活需要的，不以制毒物品犯罪论处。

第八条 违反国家规定，非法生产、买卖、运输制毒物品、走私制毒物品，具有下列情形之一的，应当认定为刑法第三百五十条第一款规定的“情节严重”：

（一）制毒物品数量在本解释第七条第一款规定的最高数量标准以上，不满最高数量标准五倍的；

（二）达到本解释第七条第一款规定的数量标准，且具有本解释第七条第二款第三项至第六项规定的情形之一的；

（三）其他情节严重的情形。

违反国家规定，非法生产、买卖、运输制毒物品、走私制毒物品，具有下列情形之一的，应当认定为刑法第三百五十条第一款规定的“情节特别严重”：

（一）制毒物品数量在本解释第七条第一款规定的最高数量标准五倍以上的；

（二）达到前款第一项规定的数量标准，且具有本解释第七条第二款第三项至第六项规定的情形之一的；

（三）其他情节特别严重的情形。

第九条 非法种植毒品原植物，具有下列情形之一的，应当认定为刑法第三百五十一条第一款第一项规定的“数量较大”：

（一）非法种植大麻五千株以上不满三万株的；

（二）非法种植罂粟二百平方米以上不满一千二百平方米、大麻二千平方米以上不满一万二千平方米，尚未出苗的；

（三）非法种植其他毒品原植物数量较大的。

非法种植毒品原植物，达到前款规定的最高数量标准的，应当认定为刑法第三百五十一条第二款规定的“数量大”。

第十条 非法买卖、运输、携带、持有未经灭活的毒品原植物种子或者幼苗，具有下列情形之一的，应当认定为刑法第三百五十二条规定的“数量较大”：

（一）罂粟种子五十克以上、罂粟幼苗五千株以上的；

（二）大麻种子五十千克以上、大麻幼苗五万株以上的；

（三）其他毒品原植物种子或者幼苗数量较大的。

第十一条 引诱、教唆、欺骗他人吸食、注射毒品，具有下列情形之一的，应当认定为刑法第三百五十三条第一款规定的“情节严重”：

（一）引诱、教唆、欺骗多人或者多次引诱、教唆、欺骗他人吸食、注射毒品的；

（二）对他人身体健康造成严重危害的；

（三）导致他人实施故意杀人、故意伤害、交通肇事等犯罪行为的；

（四）国家工作人员引诱、教唆、欺骗他人吸食、注射毒品的；

（五）其他情节严重的情形。

第十二条 容留他人吸食、注射毒品，具有下列情形之一的，应当依照刑法第三百五十四条的规定，以容留他人吸毒罪定罪处罚：

（一）一次容留多人吸食、注射毒品的；

（二）二年内多次容留他人吸食、注射毒品的；

（三）二年内曾因容留他人吸食、注射毒品受过行政处罚的；

（四）容留未成年人吸食、注射毒品的；

（五）以牟利为目的容留他人吸食、注射毒品的；

（六）容留他人吸食、注射毒品造成严重后果的；

（七）其他应当追究刑事责任的情形。

向他人贩卖毒品后又容留其吸食、注射毒品，或者容留他人吸食、注射毒品并向其贩卖毒品，符合前款规定的容留他人吸毒罪的定罪条件的，以贩卖毒品罪和容留他人吸毒罪数罪并罚。

容留近亲属吸食、注射毒品,情节显著轻微危害不大的,不作为犯罪处理;需要追究刑事责任的,可以酌情从宽处罚。

第十三条 依法从事生产、运输、管理、使用国家管制的麻醉药品、精神药品的人员,违反国家规定,向吸食、注射毒品的人提供国家规定管制的能够使人形成瘾癖的麻醉药品、精神药品,具有下列情形之一的,应当依照刑法第三百五十五条第一款的规定,以非法提供麻醉药品、精神药品罪定罪处罚:

(一)非法提供麻醉药品、精神药品达到刑法第三百四十七条第三款或者本解释第二条规定的"数量较大"标准最低值的百分之五十,不满"数量较大"标准的;

(二)二年内曾因非法提供麻醉药品、精神药品受过行政处罚的;

(三)向多人或者多次非法提供麻醉药品、精神药品的;

(四)向吸食、注射毒品的未成年人非法提供麻醉药品、精神药品的;

(五)非法提供麻醉药品、精神药品造成严重后果的;

(六)其他应当追究刑事责任的情形。

具有下列情形之一的,应当认定为刑法第三百五十五条第一款规定的"情节严重":

(一)非法提供麻醉药品、精神药品达到刑法第三百四十七条第三款或者本解释第二条规定的"数量较大"标准的;

(二)非法提供麻醉药品、精神药品达到前款第一项规定的数量标准,且具有前款第三项至第五项规定的情形之一的;

(三)其他情节严重的情形。

第十四条 利用信息网络,设立用于实施传授制造毒品、非法生产制毒物品的方法,贩卖毒品,非法买卖制毒物品或者组织他人吸食、注射毒品等违法犯罪活动的网站、通讯群组,或者发布实施前述违法犯罪活动的信息,情节严重的,应当依照刑法第二百八十七条之一的规定,以非法利用信息网络罪定罪处罚。

附录6　办理毒品犯罪案件毒品提取、扣押、称量、取样和送检程序若干问题的规定

第一章　总　　则

第一条　为规范毒品的提取、扣押、称量、取样和送检程序，提高办理毒品犯罪案件的质量和效率，根据《中华人民共和国刑事诉讼法》《最高人民法院关于适用〈中华人民共和国刑事诉讼法〉的解释》《人民检察院刑事诉讼规则（试行）》《公安机关办理刑事案件程序规定》等有关规定，结合办案工作实际，制定本规定。

第二条　公安机关对于毒品的提取、扣押、称量、取样和送检工作，应当遵循依法、客观、准确、公正、科学和安全的原则，确保毒品实物证据的收集、固定和保管工作严格依法进行。

第三条　人民检察院、人民法院办理毒品犯罪案件，应当审查公安机关对毒品的提取、扣押、称量、取样、送检程序以及相关证据的合法性。

毒品的提取、扣押、称量、取样、送检程序存在瑕疵，可能严重影响司法公正的，人民检察院、人民法院应当要求公安机关予以补正或者作出合理解释。

经公安机关补正或者作出合理解释的,可以采用相关证据;不能补正或者作出合理解释的,对相关证据应当依法予以排除,不得作为批准逮捕、提起公诉或者判决的依据。

第二章 提取、扣押

第四条 侦查人员应当对毒品犯罪案件有关的场所、物品、人身进行勘验、检查或者搜查,及时准确地发现、固定、提取、采集毒品及内外包装物上的痕迹、生物样本等物证,依法予以扣押。必要时,可以指派或者聘请具有专门知识的人,在侦查人员的主持下进行勘验、检查。

侦查人员对制造毒品、非法生产制毒物品犯罪案件的现场进行勘验、检查或者搜查时,应当提取并当场扣押制造毒品、非法生产制毒物品的原料、配剂、成品、半成品和工具、容器、包装物以及上述物品附着的痕迹、生物样本等物证。

提取、扣押时,不得将不同包装物内的毒品混合。

现场勘验、检查或者搜查时,应当对查获毒品的原始状态拍照或者录像,采取措施防止犯罪嫌疑人及其他无关人员接触毒品及包装物。

第五条 毒品的扣押应当在有犯罪嫌疑人在场并有见证人的情况下,由两名以上侦查人员执行。

毒品的提取、扣押情况应当制作笔录,并当场开具扣押清单。

笔录和扣押清单应当由侦查人员、犯罪嫌疑人和见证人签名。犯罪嫌疑人拒绝签名的,应当在笔录和扣押清单中注明。

第六条 对同一案件在不同位置查获的两个以上包装的毒品,应当根据不同的查获位置进行分组。

对同一位置查获的两个以上包装的毒品,应当按照以下方法进行分组:

(一)毒品或者包装物的外观特征不一致的,根据毒品及包装物的外观特征进行分组;

（二）毒品及包装物的外观特征一致，但犯罪嫌疑人供述非同一批次毒品的，根据犯罪嫌疑人供述的不同批次进行分组；

（三）毒品及包装物的外观特征一致，但犯罪嫌疑人辩称其中部分不是毒品或者不知是否为毒品的，对犯罪嫌疑人辩解的部分疑似毒品单独分组。

第七条 对查获的毒品应当按其独立最小包装逐一编号或者命名，并将毒品的编号、名称、数量、查获位置以及包装、颜色、形态等外观特征记录在笔录或者扣押清单中。

在毒品的称量、取样、送检等环节，毒品的编号、名称以及对毒品外观特征的描述应当与笔录和扣押清单保持一致；不一致的，应当作出书面说明。

第八条 对体内藏毒的案件，公安机关应当监控犯罪嫌疑人排出体内的毒品，及时提取、扣押并制作笔录。笔录应当由侦查人员和犯罪嫌疑人签名；犯罪嫌疑人拒绝签名的，应当在笔录中注明。在保障犯罪嫌疑人隐私权和人格尊严的情况下，可以对排毒的主要过程进行拍照或者录像。

必要时，可以在排毒前对犯罪嫌疑人体内藏毒情况进行透视检验并以透视影像的形式固定证据。

体内藏毒的犯罪嫌疑人为女性的，应当由女性工作人员或者医师检查其身体，并由女性工作人员监控其排毒。

第九条 现场提取、扣押等工作完成后，一般应当由两名以上侦查人员对提取、扣押的毒品及包装物进行现场封装，并记录在笔录中。

封装应当在有犯罪嫌疑人在场并有见证人的情况下进行；应当使用封装袋封装毒品并加密封口，或者使用封条贴封包装，做好标记和编号，由侦查人员、犯罪嫌疑人和见证人在封口处、贴封处或者指定位置签名并签署封装日期。犯罪嫌疑人拒绝签名的，侦查人员应当注明。

确因情况紧急、现场环境复杂等客观原因无法在现场实施封装的,经公安机关办案部门负责人批准,可以及时将毒品带至公安机关办案场所或者其他适当的场所进行封装,并对毒品移动前后的状态进行拍照固定,作出书面说明。

封装时,不得将不同包装内的毒品混合。对不同组的毒品,应当分别独立封装,封装后可以统一签名。

第十条 必要时,侦查人员应当对提取、扣押和封装的主要过程进行拍照或者录像。

照片和录像资料应当反映提取、扣押和封装活动的主要过程以及毒品的原始位置、存放状态和变动情况。照片应当附有相应的文字说明,文字说明应当与照片反映的情况相对应。

第十一条 公安机关应当设置专门的毒品保管场所或者涉案财物管理场所,指定专人保管封装后的毒品及包装物,并采取措施防止毒品发生变质、泄漏、遗失、损毁或者受到污染等。

对易燃、易爆、具有毒害性以及对保管条件、保管场所有特殊要求的毒品,在处理前应当存放在符合条件的专门场所。公安机关没有具备保管条件的场所的,可以借用其他单位符合条件的场所进行保管。

第三章 称 量

第十二条 毒品的称量一般应当由两名以上侦查人员在查获毒品的现场完成。

不具备现场称量条件的,应当按照本规定第九条的规定对毒品及包装物封装后,带至公安机关办案场所或者其他适当的场所进行称量。

第十三条 称量应当在有犯罪嫌疑人在场并有见证人的情况下进行,并制作称量笔录。

对已经封装的毒品进行称量前,应当在有犯罪嫌疑人在场并有见证人的情况下拆封,并记录在称量笔录中。

称量笔录应当由称量人、犯罪嫌疑人和见证人签名。犯罪嫌疑人拒绝签名的,应当在称量笔录中注明。

第十四条 称量应当使用适当精度和称量范围的衡器。称量的毒品质量不足一百克的,衡器的分度值应当达到零点零一克;一百克以上且不足一千克的,分度值应当达到零点一克;一千克以上且不足十千克的,分度值应当达到一克;十千克以上且不足一百千克的,分度值应当达到十克;一百千克以上且不足一吨的,分度值应当达到一百克;一吨以上的,分度值应当达到一千克。

称量前,称量人应当将衡器示数归零,并确保其处于正常的工作状态。

称量所使用的衡器应当经过法定计量检定机构检定并在有效期内,一般不得随意搬动。

法定计量检定机构出具的计量检定证书复印件应当归入证据材料卷,并随案移送。

第十五条 对两个以上包装的毒品,应当分别称量,并统一制作称量笔录,不得混合后称量。

对同一组内的多个包装的毒品,可以采取全部毒品及包装物总质量减去包装物质量的方式确定毒品的净质量;称量时,不同包装物内的毒品不得混合。

第十六条 多个包装的毒品系包装完好、标识清晰完整的麻醉药品、精神药品制剂的,可以按照其包装、标识或者说明书上标注的麻醉药品、精神药品成分的含量计算全部毒品的质量,或者从相同批号的药品制剂中随机抽取三个包装进行称量后,根据麻醉药品、精神药品成分的含量计算全部毒品的质量。

第十七条 对体内藏毒的案件,应当将犯罪嫌疑人排出体外的毒品逐一称量,统一制作称量笔录。

犯罪嫌疑人供述所排出的毒品系同一批次或者毒品及包装物的外观特征相似的,可以按照本规定第十五条第二款规定的方法进行称量。

第十八条 对同一容器内的液态毒品或者固液混合状态毒品，应当采用拍照或者录像等方式对其原始状态进行固定，再统一称量。必要时，可以对其原始状态固定后，再进行固液分离并分别称量。

第十九条 现场称量后将毒品带回公安机关办案场所或者送至鉴定机构取样的，应当按照本规定第九条的规定对毒品及包装物进行封装。

第二十条 侦查人员应当对称量的主要过程进行拍照或者录像。

照片和录像资料应当清晰显示毒品的外观特征、衡器示数和犯罪嫌疑人对称量结果的指认情况。

第四章 取 样

第二十一条 毒品的取样一般应当在称量工作完成后，由两名以上侦查人员在查获毒品的现场或者公安机关办案场所完成。必要时，可以指派或者聘请具有专门知识的人进行取样。

在现场或者公安机关办案场所不具备取样条件的，应当按照本规定第九条的规定对毒品及包装物进行封装后，将其送至鉴定机构并委托鉴定机构进行取样。

第二十二条 在查获毒品的现场或者公安机关办案场所取样的，应当在有犯罪嫌疑人在场并有见证人的情况下进行，并制作取样笔录。

对已经封装的毒品进行取样前，应当在有犯罪嫌疑人在场并有见证人的情况下拆封，并记录在取样笔录中。

取样笔录应当由取样人、犯罪嫌疑人和见证人签名。犯罪嫌疑人拒绝签名的，应当在取样笔录中注明。

必要时，侦查人员应当对拆封和取样的主要过程进行拍照或者录像。

第二十三条 委托鉴定机构进行取样的，对毒品的取样方法、过程、结果等情况应当制作取样笔录，但鉴定意见包含取样方法的除外。

取样笔录应当由侦查人员和取样人签名,并随案移送。

第二十四条 对单个包装的毒品,应当按照下列方法选取或者随机抽取检材:

(一)粉状。将毒品混合均匀,并随机抽取约一克作为检材;不足一克的全部取作检材。

(二)颗粒状、块状。随机选择三个以上不同的部位,各抽取一部分混合作为检材,混合后的检材质量不少于一克;不足一克的全部取作检材。

(三)膏状、胶状。随机选择三个以上不同的部位,各抽取一部分混合作为检材,混合后的检材质量不少于三克;不足三克的全部取作检材。

(四)胶囊状、片剂状。先根据形状、颜色、大小、标识等外观特征进行分组;对于外观特征相似的一组,从中随机抽取三粒作为检材,不足三粒的全部取作检材。

(五)液态。将毒品混合均匀,并随机抽取约二十毫升作为检材;不足二十毫升的全部取作检材。

(六)固液混合状态。按照本款以上各项规定的方法,分别对固态毒品和液态毒品取样;能够混合均匀成溶液的,可以将其混合均匀后按照本款第五项规定的方法取样。

对其他形态毒品的取样,参照前款规定的取样方法进行。

第二十五条 对同一组内两个以上包装的毒品,应当按照下列标准确定选取或者随机抽取独立最小包装的数量,再根据本规定第二十四条规定的取样方法从单个包装中选取或者随机抽取检材:

(一)少于十个包装的,应当选取所有的包装;

(二)十个以上包装且少于一百个包装的,应当随机抽取其中的十个包装;

(三)一百个以上包装的,应当随机抽取与包装总数的平方根数值最接近的整数个包装。

对选取或者随机抽取的多份检材,应当逐一编号或者命名,且检材的编号、名称应当与其他笔录和扣押清单保持一致。

第二十六条 多个包装的毒品系包装完好、标识清晰完整的麻醉药品、精神药品制剂的,可以从相同批号的药品制剂中随机抽取三个包装,再根据本规定第二十四条规定的取样方法从单个包装中选取或者随机抽取检材。

第二十七条 在查获毒品的现场或者公安机关办案场所取样的,应当使用封装袋封装检材并加密封口,做好标记和编号,由取样人、犯罪嫌疑人和见证人在封口处或者指定位置签名并签署封装日期。犯罪嫌疑人拒绝签名的,侦查人员应当注明。

从不同包装中选取或者随机抽取的检材应当分别独立封装,不得混合。

对取样后剩余的毒品及包装物,应当按照本规定第九条的规定进行封装。选取或者随机抽取的检材应当由专人负责保管。在检材保管和送检过程中,应当采取妥善措施防止其发生变质、泄漏、遗失、损毁或者受到污染等。

第二十八条 委托鉴定机构进行取样的,应当使用封装袋封装取样后剩余的毒品及包装物并加密封口,做好标记和编号,由侦查人员和取样人在封口处签名并签署封装日期。

第二十九条 对取样后剩余的毒品及包装物,应当及时送至公安机关毒品保管场所或者涉案财物管理场所进行妥善保管。

对需要作为证据使用的毒品,不起诉决定或者判决、裁定(含死刑复核判决、裁定)发生法律效力后方可处理。

第五章 送 检

第三十条 对查获的全部毒品或者从查获的毒品中选取或者随机抽取的检材,应当由两名以上侦查人员自毒品被查获之日起三日以内,送至鉴定机构进行鉴定。

具有案情复杂、查获毒品数量较多、异地办案、在交通不便地区办案等情形的，送检时限可以延长至七日。

公安机关应当向鉴定机构提供真实、完整、充分的鉴定材料，并对鉴定材料的真实性、合法性负责。

第三十一条　侦查人员送检时，应当持本人工作证件、鉴定聘请书等材料，并提供鉴定事项相关的鉴定资料；需要复核、补充或者重新鉴定的，还应当持原鉴定意见复印件。

第三十二条　送检的侦查人员应当配合鉴定机构核对鉴定材料的完整性、有效性，并检查鉴定材料是否满足鉴定需要。

公安机关鉴定机构应当在收到鉴定材料的当日作出是否受理的决定，决定受理的，应当与公安机关办案部门签订鉴定委托书；不予受理的，应当退还鉴定材料并说明理由。

第三十三条　具有下列情形之一的，公安机关应当委托鉴定机构对查获的毒品进行含量鉴定：

（一）犯罪嫌疑人、被告人可能被判处死刑的；

（二）查获的毒品系液态、固液混合物或者系毒品半成品的；

（三）查获的毒品可能大量掺假的；

（四）查获的毒品系成分复杂的新类型毒品，且犯罪嫌疑人、被告人可能被判处七年以上有期徒刑的；

（五）人民检察院、人民法院认为含量鉴定对定罪量刑有重大影响而书面要求进行含量鉴定的。

进行含量鉴定的检材应当与进行成分鉴定的检材来源一致，且一一对应。

第三十四条　对毒品原植物及其种子、幼苗，应当委托具备相应资质的鉴定机构进行鉴定。当地没有具备相应资质的鉴定机构的，可以委托侦办案件的公安机关所在地的县级以上农牧、林业行政主管部门，或者设立农林相关专业的普通高等学校、科研院所出具检验报告。

第六章　附　　则

第三十五条　本规定所称的毒品,包括毒品的成品、半成品、疑似物以及含有毒品成分的物质。

毒品犯罪案件中查获的其他物品,如制毒物品及其半成品、含有制毒物品成分的物质、毒品原植物及其种子和幼苗的提取、扣押、称量、取样和送检程序,参照本规定执行。

第三十六条　本规定所称的“以上”“以内”包括本数,“日”是指工作日。

第三十七条　扣押、封装、称量或者在公安机关办案场所取样时,无法确定犯罪嫌疑人、犯罪嫌疑人在逃或者犯罪嫌疑人在异地被抓获且无法及时到场的,应当在有见证人的情况下进行,并在相关笔录、扣押清单中注明。

犯罪嫌疑人到案后,公安机关应当以告知书的形式告知其扣押、称量、取样的过程、结果。犯罪嫌疑人拒绝在告知书上签名的,应当将告知情况形成笔录,一并附卷;犯罪嫌疑人对称量结果有异议,有条件重新称量的,可以重新称量,并制作称量笔录。

第三十八条　毒品的提取、扣押、封装、称量、取样活动有见证人的,笔录材料中应当写明见证人的姓名、身份证件种类及号码和联系方式,并附其常住人口信息登记表等材料。

下列人员不得担任见证人:

(一)生理上、精神上有缺陷或者年幼,不具有相应辨别能力或者不能正确表达的人;

(二)犯罪嫌疑人的近亲属,被引诱、教唆、欺骗、强迫吸毒的被害人及其近亲属,以及其他与案件有利害关系并可能影响案件公正处理的人;

(三)办理该毒品犯罪案件的公安机关、人民检察院、人民法院的工作人员、实习人员或者其聘用的协勤、文职、清洁、保安等人员。

由于客观原因无法由符合条件的人员担任见证人或者见证人不愿签名的,应当在笔录材料中注明情况,并对相关活动进行拍照并录像。

第三十九条 本规定自2016年7月1日起施行。

附录7　公安机关缴获毒品管理规定

第一章　总　　则

第一条　为进一步规范公安机关缴获毒品管理工作,保障毒品案件的顺利办理,根据有关法律、行政法规和规章,制定本规定。

第二条　公安机关(含铁路、交通、民航、森林公安机关和海关缉私机构、边防管理部门)对办理毒品刑事案件、行政案件过程中依法扣押、收缴的毒品进行保管、移交、入库、调用、出库、处理等工作,适用本规定。

第三条　各级公安机关应当高度重视毒品管理工作,建立健全毒品管理制度,强化监督,确保安全,严防流失,适时销毁。

第二章　毒品的保管

第四条　省级公安机关禁毒部门负责对缴获毒品实行集中统一保管。

办理毒品案件的公安派出所、出入境边防检查机关以及除省级公安机关禁毒部门外的县级以上公安机关办案部门(以下统称办案部门)负责临时保管缴获毒品。

经省级公安机关禁毒部门批准并报公安部禁毒局备案,设区的市一级公安机关禁毒部门可以对缴获毒品实行集中统一保管。

第五条 有条件的公安机关可以指定涉案财物管理部门负责临时保管缴获毒品。

经省级公安机关批准并报公安部禁毒局备案,设区的市一级公安机关涉案财物管理部门可以对缴获毒品实行集中统一保管。

第六条 公安机关鉴定机构负责临时保管鉴定剩余的毒品检材和留存备查的毒品检材。

对不再需要保留的毒品检材,公安机关鉴定机构应当及时交还委托鉴定的办案部门或者移交同级公安机关禁毒部门。

第七条 公安机关集中统一保管毒品的,应当划设独立的房间或者场地,设置长期固定的专用保管仓库;临时保管毒品的,应当设置保管仓库或者使用专用保管柜。

毒品保管仓库应当符合避光、防潮、通风和保密的要求,安装防盗安全门、防护栏、防火设施、通风设施、控温设施、视频监控系统和入侵报警系统。

毒品专用保管仓库不得存放其他物品。

第八条 办案部门应当指定不承担办案或者鉴定工作的民警负责本部门毒品的接收、保管、移交等管理工作。

毒品保管仓库和专用保险柜应当由专人负责看守。毒品保管实行双人双锁制度;毒品入库双人验收,出库双人复核,做到账物相符。

第九条 办案部门和负责毒品保管的涉案财物管理部门应当设立毒品保管账册并保存二十年备查。

有条件的省级公安机关,可以建立缴获毒品管理信息系统,对毒品进行实时、全程录入和管理,并与执法办案信息系统关联。

第十条 对易燃、易爆、具有毒害性以及对保管条件、保管场所有特殊要求的毒品,在处理前应当存放在符合条件的专门场所。公安机关没有具备保管条件的场所的,可以借用其他单位符合条件的场所进行保管。

对借用其他单位的场所保管的毒品，公安机关应当派专人看守或者进行定期检查。

第十一条 公安机关应当采取安全保障措施，防止保管的毒品发生泄漏、遗失、损毁或者受到污染等。

毒品保管人员应当定期检查毒品保管仓库和毒品保管柜并清点保管的毒品，及时发现和排除安全隐患。

第三章 毒品的移交、入库

第十二条 对办理毒品案件过程中发现的毒品，办案人员应当及时固定、提取，依法予以扣押、收缴。

办案人员应当在缴获毒品的现场对毒品及其包装物进行封装，并及时完成称量、取样、送检等工作；确因客观原因无法在现场实施封装的，应当经办案部门负责人批准。

第十三条 办案人员依法扣押、收缴毒品后，应当在二十四小时以内将毒品移交本部门的毒品保管人员，并办理移交手续。

异地办案或者在偏远、交通不便地区办案的，办案人员应当在返回办案单位后的二十四小时以内办理移交手续。

需要将毒品送至鉴定机构进行取样、鉴定的，经办案部门负责人批准，办案人员可以在送检完成后的二十四小时以内办理移交手续。

第十四条 除禁毒部门外的其他办案部门应当在扣押、收缴毒品之日起七日以内将毒品移交所在地的县级或者设区的市一级公安机关禁毒部门。

具有案情复杂、缴获毒品数量较大、异地办案等情形的，移交毒品的时间可以延长至二十日。

第十五条 刑事案件侦查终结、依法撤销或者对行政案件作出行政处罚决定、终止案件调查后，县级公安机关禁毒部门应当及时将临时保管的毒品移交上一级公安机关禁毒部门。

对因犯罪嫌疑人或者违法行为人无法确定、负案在逃等客观原因无法侦查终结或者无法作出行政处罚决定的案件，应当在立案或者受案后的一年以内移交。

第十六条 不起诉决定或者判决、裁定（含死刑复核判决、裁定）发生法律效力，或者行政处罚决定已过复议诉讼期限后，负责临时保管毒品的设区的市一级公安机关禁毒部门应当及时将临时保管的毒品移交省级公安机关禁毒部门集中统一保管。

第十七条 公安机关指定涉案财物管理部门负责保管毒品的，禁毒部门应当及时将本部门缴获的毒品和其他办案部门、鉴定机构移交的毒品移交同级涉案财物管理部门。

负责临时保管毒品的涉案财物管理部门应当依照本规定第十五条、第十六条的规定及时移交临时保管的毒品。

第十八条 毒品保管人员对本部门办案人员或者其他办案部门、鉴定机构移交的毒品，应当当场检查毒品及其包装物的封装是否完好以及封装袋上的标记、编号、签名等是否清晰、完整，并对照有关法律文书对移交的毒品逐一查验、核对。

对符合条件可以办理入库的毒品，毒品保管人员应当将入库毒品登记造册，详细登记移交毒品的种类、数量、封装情况、移交单位、移交人员、移交时间等情况，在《扣押清单》《证据保全清单》或者《收缴/追缴物品清单》上签字并留存一份备查。

对缺少法律文书、法律文书对必要事项记载不全、移交的毒品与法律文书记载不符或者移交的毒品未按规定封装的，毒品保管人员可以拒绝接收，并应当要求办案人员及时补齐相关法律文书、信息或者按规定封装后移交。

第四章 毒品的调用、出库

第十九条 因讯问、询问、鉴定、辨认、检验等办案工作需要，经本条第二款规定的负责人审批，办案人员可以调用毒品。

调用办案部门保管的毒品的，应当经办案部门负责人批准；调用涉案财物管理部门保管的毒品的，应当经涉案财物管理部门所属公安机关的禁毒部门负责人批准；除禁毒部门外的其他办案部门调用禁毒部门保管的毒品的，应当经负责毒品保管的禁毒部门负责人批准。

人民法院、人民检察院在案件诉讼过程中需要调用毒品的，应当由办案部门依照前两款的规定办理调用手续。

第二十条 因开展禁毒宣传教育、缉毒犬训练、教学科研等工作需要调用集中统一保管的毒品的，应当经省级或者经授权的设区的市一级公安机关分管禁毒工作的负责人批准。

第二十一条 毒品保管人员应当对照批准文件核对调用出库的毒品，详细登记调用人、审批人、调用事由、调用期限、出库时间以及出库毒品的状态和数量等事项。

第二十二条 调用人应当按照批准的调用目的使用毒品，并采取措施妥善保管调用的毒品，防止流失或者出现缺损、调换、灭失等情况。

调用人应当在调用结束后的二十四小时以内将毒品归还毒品保管人员。

调用人归还毒品时，毒品保管人员应当对照批准文件进行核对，检查包装，复称重量；必要时，可以进行检验或者鉴定。经核对、检查无误，毒品保管人员应当重新办理毒品入库手续。

对出现缺损、调换、灭失等情况的，毒品保管人员应当如实记录，并报告调用人所属部门；毒品在调用过程中出现分解、潮解等情况的，调用人应当作出书面说明；因鉴定取样、实验研究等情况导致调用毒品发生合理损耗的，调用人应当提供相应的证明材料。

第二十三条 公安机关需要运输毒品的，应当由两名以上民警负责押运或者通过安全可靠的运输渠道进行运输。

负责押运的民警应当自启运起全程携带相关证明文件。

运输毒品过程中，公安机关应当采取安全保障措施，防止毒品发生泄漏、遗失、损毁或者受到污染等。

第五章 毒品的处理

第二十四条 缴获毒品不随案移送人民检察院、人民法院，但办案部门应当将其清单、照片或者其他证明文件随案移送。

对需要作为证据使用的毒品，不起诉决定或者判决、裁定（含死刑复核判决、裁定）发生法律效力，或者行政处罚决定已过复议诉讼期限后方可销毁。

第二十五条 对集中统一保管的毒品，除因办案、留样备查等工作需要少量留存外，省级公安机关或者经授权的市一级公安机关应当适时组织销毁。

其他任何部门或者个人不得以任何理由擅自处理毒品。

第二十六条 需要销毁毒品的，应当由负责毒品集中统一保管的禁毒部门提出销毁毒品的种类、数量和销毁的地点、时间、方式等，经省级公安机关负责人批准，方可销毁。

第二十七条 毒品保管人员应当对照批准文件核对出库销毁的毒品，并将毒品出库情况登记造册。

公安机关需要销毁毒品的，应当制定安全保卫方案和突发事件应急处理预案；必要时，可以邀请检察机关和环境保护主管部门派员监督；有条件的，可以委托具有危险废物无害化处理资质的单位进行销毁。

第二十八条 设区的市一级公安机关禁毒部门应当于每年 12 月 31 日前将本年度保管毒品的入库量、出库量、库存量、销毁量和缴获毒品管理工作情况报省级公安机关禁毒部门备案。

省级公安机关禁毒部门应当于每年 1 月 31 日前将上年度保管毒品的入库量、出库量、库存量、销毁量和本省（自治区、直辖市）缴获毒品管理工作情况报公安部禁毒局备案。

第六章　监　　督

第二十九条　各级公安机关分管禁毒工作的负责人对毒品管理工作承担重要领导责任，各级公安机关禁毒部门和负责毒品保管的涉案财物管理部门的主要负责人对毒品管理工作承担主要领导责任。

第三十条　各级公安机关应当将毒品管理工作纳入执法监督和执法质量考评范围，定期或者不定期地组织有关部门对本机关和办案部门负责保管的毒品进行核查，防止流失、毁灭或者不按规定移交、调用、处理等；发现毒品管理不当的，应当责令立即改正。

第三十一条　未按本规定严格管理毒品，致使毒品流失、毁灭或者导致严重后果的，应当依照有关规定追究相关责任人和毒品管理人员的责任；涉嫌犯罪的，移送司法机关依法追究刑事责任。

第七章　附　　则

第三十二条　本规定所称的公安机关禁毒部门，包括县级以上地方公安机关毒品犯罪侦查部门以及县级以上地方公安机关根据公安部有关规定确定的承担禁毒工作职责的业务部门。

本规定所称的毒品，包括毒品的成品、半成品、疑似物以及其他含有毒品成分的物质，但不包括含有毒品成分的人体生物样本。

第三十三条　本规定所称的“以上”“以内”包括本数，“日”是指工作日。

第三十四条　各地公安机关可以根据本规定，结合本地和各警种实际情况，制定缴获毒品管理的具体办法，并报上一级公安机关备案。

第三十五条　公安机关从其他部门和个人接收毒品的管理，依照本规定执行。

第三十六条　本规定自2016年7月1日起施行。2001年8月23日印发的《公安机关缴获毒品管理规定》（公禁毒〔2001〕218号）同时废止。

主要参考资料

[1]李文君:《构建禁毒防控体系》,知识产权出版社 2012 年版。

[2]肇恒伟、王袆:《禁毒法》,中国人民公安大学出版社 2015 年版。

[3]张晶、祝卫莉:《毒品犯罪案件侦查》,群众出版社 2009 年版。

[4]关纯兴:《禁毒学通论》,辽宁人民出版社 2012 年版。

[5]铁路公安局"2004 年—2015 年度全路十大优秀案例评选活动"参评案例。

图书在版编目(CIP)数据

铁路缉毒教程 / 周蕊主编. -- 北京 : 法律出版社,
2016.9(2021.3 重印)
铁道警察学院规划教材
ISBN 978-7-5118-9848-7

Ⅰ.①铁… Ⅱ.①周… Ⅲ.①铁路运输-公安工作-缉毒-高等学校-教材 Ⅳ.①U298.7

中国版本图书馆 CIP 数据核字(2016)第 189892 号

铁道警察学院规划教材

铁路缉毒教程
TIELU JIDU JIAOCHENG

周　蕊　主编

责任编辑 李峰沄　屈　瑶
装帧设计 汪奇峰

出版 法律出版社
总发行 中国法律图书有限公司
经销 新华书店
印刷 三河市龙大印装有限公司
责任印制 陶　松

编辑统筹 学术·对外出版分社
开本 710 毫米×1000 毫米　1/16
印张 14.5
字数 183 千
版本 2016 年 9 月第 1 版
印次 2021 年 3 月第 2 次印刷

法律出版社/北京市丰台区莲花池西里 7 号(100073)
网址/www.lawpress.com.cn
投稿邮箱/info@lawpress.com.cn
举报维权邮箱/jbwq@lawpress.com.cn
销售热线/400-660-8393
咨询电话/010-63939796

中国法律图书有限公司/北京市丰台区莲花池西里 7 号(100073)
全国各地中法图分、子公司销售电话:
统一销售客服/400-660-8393/6393
第一法律书店/010-83938432/8433
西安分公司/029-85330678
重庆分公司/023-67453036
上海分公司/021-62071639/1636
深圳分公司/0755-83072995

书号:ISBN 978-7-5118-9848-7
定价:45.00 元
(如有缺页或倒装,中国法律图书有限公司负责退换)